Rainer Türk

Wanderungen im Überwald

20 ausgesuchte Wanderungen
aus dem Natur- und Geopark
Bergstraße-Odenwald

Die Deutsche Bibliothek – CIP-Einheitsaufnahme

Türk, Rainer:
Wanderungen im Überwald : 20 ausgesuchte Wanderungen
aus dem Natur- und Geopark Bergstraße-Odenwald / Rainer Türk. –
Lorsch : Brunnengräber, 2002
  ISBN 3-9808202-0-3

1. Auflage März 2002
© Copyright 2002 by Werbeagentur Brunnengräber GmbH, Lorsch

Autor: Rainer Türk
Fotos: Michael Bucher (S. 79), Hubert Brunnengräber (S. 6),
Hermann Joachim (S. 37), Rainer Türk (übrige Aufnahmen)
Gestaltung und Satz: Hubert Brunnengräber
Druck und Verarbeitung: Central-Druck Trost GmbH & Co., Heusenstamm
Verlag: Werbeagentur Brunnengräber GmbH, Eichendorffstraße 22,
D-64653 Lorsch, Telefon (0 62 51) 5 41 22, Telefax (0 62 51) 5 41 35

Die in diesem Buch verwendeten Kartenausschnitte stammen aus den
Topographischen Freizeitkarten im Maßstab 1:20 000, TF 20-1 bis 16, die im
Buchhandel erhältlich sind.

Die Benutzung dieses Führers geschieht auf eigenes Risiko. Eine Haftung für
etwaige Unfälle und Schäden jeder Art wird vom Verlag oder vom Autor aus
keinem Rechtsgrund übernommen.

ISBN: 3-9808202-0-3

Inhalt

Vorwort

Die vorliegende Broschüre ist als Ergänzung zur gleichnamigen Wanderkarte „Der Überwald" gedacht. Wurden auf der Rückseite dieser Karte die Rundwege im Einzelnen aufgelistet, mit Kilometer- und Zeitangaben versehen und teilweise beschrieben, so nutzen die hier ausgesuchten Rundwanderungen unterschiedliche Markierungszeichen. Dabei ist es für den Wanderer wichtig zu wissen, dass er im Odenwald drei verschiedene Markierungssysteme vorfindet.

- Die Wanderlinien des Odenwaldklubs sind mit farbigen Symbolen wie Kreis, Raute oder Viereck gekennzeichnet. Dabei verlaufen die mit einem **weißen Spiegel** unterlegten **roten und blauen Markierungszeichen** vorwiegend in **Nord-Süd-Richtung**, während die **weißen und gelben Symbole in Ost-West-Richtung** führen.

- Die Rundwege des Vereins Naturpark Bergstraße-Odenwald, die von einem Wanderparkplatz ausgehen und dort auch wieder enden, sind mit einer **gelben Ziffer in einem gelben Kreis** markiert. Auf dem Wanderparkplatz befindet sich eine Orientierungstafel, auf der diese Rundwege aufgezeichnet und beschrieben sind.

- Die örtlichen Rundwege wurden vom Naturpark neu überarbeitet und sinnvoll in das vorhandene Wegenetz des Odenwaldklubs integriert. Sie sind mit einer **weißen Ziffer** in einem **oben offenen Kreis**, in dem der **Kennbuchstabe** des jeweiligen **Ortes** steht, gekennzeichnet.

Um eine bessere Vernetzung der Rundwege und der OWK-Linien untereinander zu erreichen, wurden **Verbindungswege** geschaffen, die mit einem „**V**" markiert sind.

Die in dieser Broschüre beschriebenen Rundwanderungen führen zu den schönsten und interessantesten Stellen im Überwald. Dabei wurde den historischen Stätten und denen mit ihnen verbundenen Sagen und Geschichten besondere Aufmerksamkeit gewidmet, um die Bedeutung von Ruinen, Grenzsteinen, Bildstöcken sowie von Kultur- und Naturdenkmälern wach zu halten und sie so zu schützen.

Reichelsheim

47

Lindenfels

Ober-Ostern

1

Erbach

Kröckelbach

Weschnitz

Fürth

3 **2**

Hammelbach

Rimbach

4 **5** **6**

460

Litzelbach

Grasellenbach

Hüttenthal

9

7 **8**

Güttersbach

Tromm

Wahlen

38

Kocherbach

11

Mörlenbach

10

Affolterbach

Olfen

Gadern

Hartenrod

Aschbach

12

14 **13**

Wald-Michelbach

Raubach

Abtsteinach

17 **15** **16**

Ober-Abtsteinach Siedelsbrunn

Ober-Schönmattenwag

18

20

Unter-Abtsteinach

19

Unter-Schönmattenwag

Korsika

Heiligkreuzsteinach

Eberbach

Heidelberg

Der Überwald

Der Überwald mit seinen drei Gemeinden Grasellenbach, Wald-Michelbach und Abtsteinach liegt mitten im Naturpark Bergstraße-Odenwald. Er ist eine von bewaldeten Höhenzügen umgebene Landschaft. Im Westen bildet der langgezogene Trommrücken die natürliche Grenze, im Norden ist es die Wegscheide, im Osten verläuft sie auf der Wasserscheide zwischen Finken- und Ulfenbachtal. Nur im Süden ist die Grenze fließend und fast identisch mit der Landesgrenze zwischen Hessen und Baden-Württemberg.

Im Überwald verläuft die Grenze zwischen dem Vorderen- oder Kristallinen Odenwald, zu dem der Trommrücken und die Höhen westlich von Ober-Abtsteinach

Das Eiterbachtal bei Wald-Michelbach

gehören und dem Hinteren- oder Buntsandstein-Odenwald mit den für ihn typischen langgestreckten, tief eingeschnittenen Tälern. Dieser besonderen geologischen Struktur verdankt der Überwald den Abwechslungsreichtum seiner Wälder, die fast zwei Drittel seiner Gesamtfläche ausmachen, da im Kristallinen Odenwald die Laubwälder vorherrschen, während im Buntsandstein-Odenwald die Nadelhölzer dominieren. So ergeben sich eine Vielzahl unterschiedlicher und abwechslungsreicher Wanderungen durch tiefe Wälder, über lichte Höhen und durch stille, einsame Täler. Dabei stößt der Wanderer allerorts auf historische, kulturelle und landschaftliche Sehenswürdigkeiten.

Die Besiedlung des Überwaldes steht in direktem Zusammenhang mit der Entstehung des Klosters Lorsch. 773 hatte König Karl seine Königsmark Heppenheim dem neu gegründeten Kloster Lorsch geschenkt. Da dieses Gebiet jedoch Wormser und Mainzer kirchlichen Besitz miteinschloss, kam es in der Folgezeit zu Spannungen und Streitigkeiten zwischen Lorsch und den beiden Bistümern. Dies war für den König Anlass, im Jahre 795 ein Schiedsgericht auf dem Kahlberg bei Weschnitz einzuberufen, um die Grenzen der Mark Heppenheim neu festzulegen. Danach verblieb das Weschnitztal, der Überwald und das Gebiet um Beerfelden bei der Mark Heppenheim und damit beim Kloster Lorsch.

Lorscher Mönche zogen nun aus, um das Gebiet für ihr Kloster zu erschließen. Dabei folgten sie zunächst den Flusstälern und drangen erst später über die bewaldeten Höhenzüge in das Innere des Odenwaldes vor.

Für die Herkunft des Namens „Überwald" gibt es keine eindeutige Erklärung. Dieser Name ist aber keine sprachliche Neuschöpfung, sondern wurde schon in der Vergangenheit im heutigen Sinne gebraucht. Eine einfache Erklärung des Namens scheint sich durch seine geographische Lage zu ergeben: Schaut man vom Weschnitztal nach Osten, so empfindet man den langgestreckten Gebirgsrücken der dicht bewaldeten Tromm als trennende Barriere und bezeichnet die Bevölkerung jenseits der Tromm als „Überwälder".

Wanderung zum Lärmfeuer

Ausgangspunkt: *Naturpark-Parkplatz „Wegscheide II"*
Wanderstrecke: *Wegscheide – Steinerner Tisch –*
                              Neesstein – Mossauer Bild – Lärm-
                              feuer – Alte Poststraße – Lahmer
                              Schneider – Wegscheide
Länge/Dauer: *8,5 km/2¾ Stunden*
Markierungen: ③ – ■ (blau) – + (rot) – ⑤
Einkehrmöglichkeit: *keine*

Ausgangspunkt der Wanderung ist die Wegscheide. Diese Straßenkreuzung ist ein bedeutsamer Punkt im Odenwald. Sie ist Wasserscheide zwischen Rhein und Main, Kreuzungspunkt uralter Handelsstraßen und Grenze zwischen der Mark Heppenheim und der Grafschaft Erbach bzw. heute zwischen dem Kreis Bergstraße und

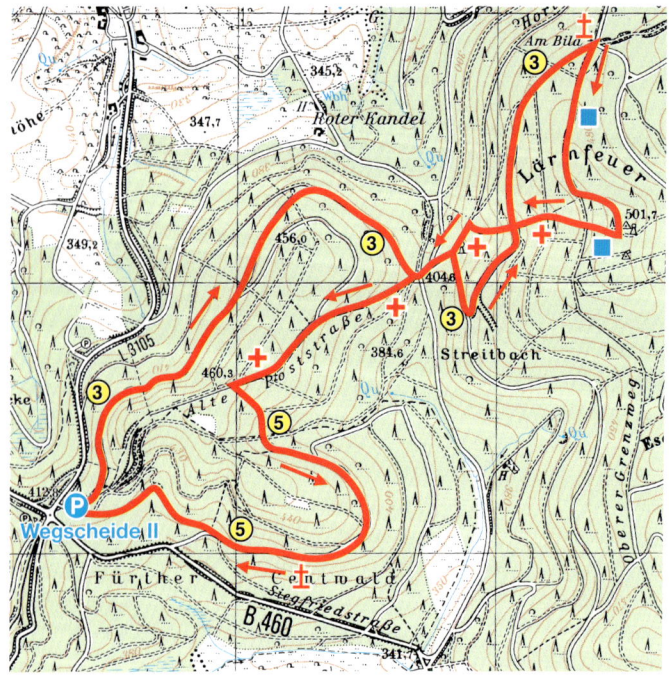

dem Odenwaldkreis. Rund um die Wegscheide stoßen wir daher auf zahlreiche alte Grenzsteine, von denen einige außer den Pfälzer Rauten und dem Mainzer Rad den Schriftzug „Abgelöst" mit der Jahreszahl 1650 tragen. Auf der Rückseite sehen wir das Sternenwappen der Erbacher Grafen (siehe Wanderung zur Walburgiskapelle, Seite 18 f.).

1

Vom Parkplatz folgen wir dem **Rundweg 3** (gelbe Ziffer im gelben Kreis) des Naturparks. Schon nach wenigen Metern teilt sich dieser Weg. Wir halten uns links und folgen einer ausgebauten Forststraße. Am „Steinernen Tisch" kommen beide Wege wieder zusammen.

Steinerne Tische und Bänke wurden von den Erbacher Grafen und den Forstämtern an Wegkreuzungen aufgestellt und dienten den Jagdgesellschaften als Rastplätze.

Wir folgen dem **Rundweg 3** nach links und kommen an einen ungewöhnlichen Gedenkstein. Es handelt sich um die Grabsäule des Gräflich-Erbachischen Wildmeisters Georg Nees und seiner Tochter.

Diese Grabsäule stand einst auf dem Friedhof in Reichelsheim. Beim Abräumen der Gräber wurde sie im Gedenken an den einstigen Wildmeister an dessen Lieblingsplatz im Wald aufgestellt.

Wenig später teilt sich erneut **Rundweg 3**, und wir biegen im spitzen Winkel nach links ab. Der Weg führt bergauf zum „Mossauer Bild". Die Formen des Häuschens verweisen eindeutig auf spätgotische Zeit um 1500. Auf dem Schaft befindet sich ein Wappenschild mit dem noch schwach erkennbaren Zunftzeichen der Mossauer Hammerschmiede, Hammer und Zange. Nach einem weit ins Mittelalter zurückreichenden Brauch schuf man am Ende eines mühseligen Aufstiegs Gebetsstätten zu einem Dankgebet und einer kurzen Rast für Mensch und Tier. Demnach könnten es die Hammerschmiede gewesen sein, die diesen Bildstock errichtet haben, um auf ihrem Weg zur Arbeit in den Erzgruben bei Rohrbach und im Ostertal hier eine Rast einzulegen. Hier hielten auch die Pilger an, die von der Bergstraße kamen und zum „Heilig-Blut-Altar" nach Walldürn zogen, um einige Augenblicke im Gebet zu verharren. Auch nach Einführung der Reformation auf ihrem Territorium war die Toleranz der Grafen von Erbach gegenüber Symbolen des alten Glaubens recht groß, was in der Duldung dieser Bildstöcke abseits der Siedlungen zum Ausdruck kam.

Aber dieser Ort im alten Reichenbacher Herrschaftswald hat auch eine unheimliche Vergangenheit. Hier trafen sich Anfang des 19. Jahrhunderts Wildererbanden, um auf Jagd zu gehen. Es war die Zeit der Armut und des Hungers, der viele Odenwälder Familien und ganze Dörfer zwang, die Heimat zu verlassen, um vor allem in Amerika eine neue Existenz zu gründen. So schlossen sich junge Männer und Familienväter zusammen, um durch unerlaubte Jagd in den Herrschaftswäldern ihre Not zu lindern. Ein junger Forstmann, der 1817 von der Erbacher Forstbehörde zum Mossauer Bild geschickt wurde, um das Treiben der Wilderer zu beobachten, ist von seinem Dienstgang nie zurückgekehrt. Bei Nachforschungen fand man lediglich eine Blutlache unter einer Eiche und ein eingeritztes Kreuz in der knorrigen Rinde des Baumes.

Von hier folgen wir der OWK-Markierung **blaues Viereck** nach rechts zum Lärmfeuer.

Das Lärmfeuer gehörte zu einem Netz von Signalstationen, die miteinander verbunden waren und es ermöglichten, dass wichtige Nachrichten in kurzer Zeit übermittelt werden konnten. Diese Signalstationen wurden erstmals im Dreißigjährigen Krieg urkundlich erwähnt. Sie waren damals Glied einer großen Verteidigungsanlage, die das Gebirge und die vorgelagerte Rhein- und Mainebene umspannte und zur Alarmierung der Bevölkerung beim Anmarsch feindlicher Truppen diente. Die Anlagen zogen sich in parallel verlaufenden Linien quer über das Gebirge und gliederten sich in einen Kurmainzer und einen Erbacher Teil. Die Alarmlinie zog über die Sanddüne bei Lorsch zur Starkenburg und teilte sich dort in eine nördliche Linie über den Hohenstein, die Neunkircher Höhe, den Otzberg, den Breuberg hin zur Mainebene, während der südliche Zweig über den Spessartskopf, die Sensbacher Höhe, den Krähberg und entlang der Kammlinie des östlichen Odenwaldes verlief. Zwischen diesen Hauptlinien lagen kleinere Lärmfeuerstationen. In dieses Signalnetz waren Sammelplätze der bewaffneten Mannschaften der einzelnen Centen eingebaut. Für das Amt Freienstein war z. B. ein solcher Sammelplatz auf dem Marktplatz in Beerfelden, für die Cent Erbach auf dem Schöllenberg und bei Haisterbach, die Mannschaften der Breuberger Centen versammelten sich bei Böllstein. Bei

Lärmfeuer

den Alarmstellen standen kleine Holzhütten als Unter-
künfte für die Wachtmannschaften. In der Nähe der Hütten waren Holzstöße aufgerichtet, und Strohbündel und
Pechkränze lagen bereit, um im Falle eines Alarms ange-
zündet zu werden. Die Feuer- und Rauchsignale wurden
dann von Station zu Station weitergegeben. Zum letzten
Male wurden die Stationen auf Anordnung des Kurmainzer Kanzlers Freiherr von Albini um 1800 besetzt. Sie
erfüllten jedoch schon damals nicht mehr die Erwartun-
gen, da die Kriegsführung und die Technik der Nachrich-
tenübermittlung sich weiterentwickelt hatten. Heute erinnert nur noch die Gaststätte „Zum Lärmfeuer" und der
Name der Bergkuppe an die einstige Bedeutung.

1902 wurde zum Gedenken an den 1888 verstorbenen
Mitbegründer und 1. Vorsitzenden des Odenwaldklubs,
Forstmeister Wilhelm Ihrig, ein Aussichtsturm errichtet.
1950 musste dieser wegen Baufälligkeit abgerissen wer-
den, und auf seinen Fundamenten errichtete man eine
Schutzhütte.

Gegenüber der Hütte, etwas im Wald versteckt, befindet sich ein Gedenkstein mit dem Erbacher 3-Sterne-
Wappen und der Inschrift: „Omnia cum Deo et nihil sine
eo" (Alles mit Gott, nichts ohne ihn)

Es ist der Gedenkstein des Grafen Erasmus zu Erbach-
Erbach, gestorben am 10. Februar 1920.

Wir folgen noch ein Stück dem **blauen Viereck** bergab
und stoßen beim ersten Querweg auf die OWK-Markie-

rung **rotes Kreuz**. Diesem Wanderzeichen folgen wir weiter bergab, queren den **Rundweg 3**, den wir schon vom Hinweg kennen, und kommen an den schon bekannten Neesstein und den Steinernen Tisch. Jetzt aber gehen wir mit dem **roten Kreuz** geradeaus leicht bergauf. Dieser Weg, die „Alte Poststraße", auf der man früher bis Miltenberg gelangte, ist schon seit dem Mittelalter als Handelsweg dokumentiert. Die Kaufleute nutzten früher vorwiegend derartige Höhenwege, da sie sicherer waren und ein schnelleres Fortkommen ermöglichten als die oft überschwemmten und sumpfigen Niederungen.

Auf der Höhe sehen wir auf der linken Seite einen Gedenkstein für Jakob Bohn, der während einer Jagd an dieser Stelle plötzlich verstarb.

Lahmer Schneider

Etwa 5 Minuten später stoßen wir auf den **Rundweg 5** des Naturparks. Hier biegen wir links ab und folgen der neuen Markierung auf einem idyllischen Waldpfad bergab. Nach etwa 15 Minuten zeigt uns ein Pfeil mit dem Hinweis „KD" den Weg zum Schneiderkreuz, besser bekannt unter der Bezeichnung „Lahmer Schneider".

Auf dem Buntsandsteinblock sind laienhaft die Umrisse einer Person abgebildet, deren augenfälligstes Merkmal ein längeres und ein kürzeres, nach innen gedrehtes Bein ist. Die rechte Hand ist in die Hüfte gestemmt, und in der Linken hält sie einen langen, spitzen Gegenstand, der einem Dolch ähnelt, aber nicht genau gedeutet werden kann, gegen die linke Hüfte gerichtet. Die Rillung am linken Bildrand ähnelt einer Schere, aber auch sie kann letztlich nicht genau gedeutet werden. Dem Stein ist ein Sandsteinkreuz aufgesetzt, dessen Spitze abgebrochen, und auf dessen Schaft ein Messer abgebildet ist. Der Sage nach soll es sich bei dieser Darstellung um einen lahmen Schneider aus Ober-Ostern handeln, der um 1700 an dieser Stelle ermordet wurde. Die Mordwaffe soll das auf dem Schaft abgebildete Messer gewesen sein.

Vom Schneiderskreuz gehen wir wieder auf den Wanderweg zurück und erreichen nach etwa 10 Minuten unseren Ausgangspunkt.

Wanderung zur Walburgiskapelle

Ausgangspunkt:	*Naturpark-Parkplatz „Felsenquelle",*
	Hammelbach
Wanderstrecke:	*NP Felsenquelle – Kahlberg –*
	Walburgiskapelle – Waldfriedhof –
	Wegscheide – NP Felsenquelle
Länge/Dauer:	*8,8 km/2¾ Stunden*
Markierungen:	*H 6 – F 3 – ③ – o. Mark. – H 6*
Einkehrmöglichkeit:	*Hammelbach*

Ausgangspunkt unserer Wanderung ist der Naturpark-Parkplatz „Felsenquelle" nördlich von Hammelbach. Zunächst gehen wir vom Parkplatz ein paar Schritte zurück in Richtung Hammelbach. Am Parkplatzende biegen wir im spitzen Winkel nach rechts ab und folgen der örtlichen Markierung **H 6**. Die ersten Meter wandern wir durch

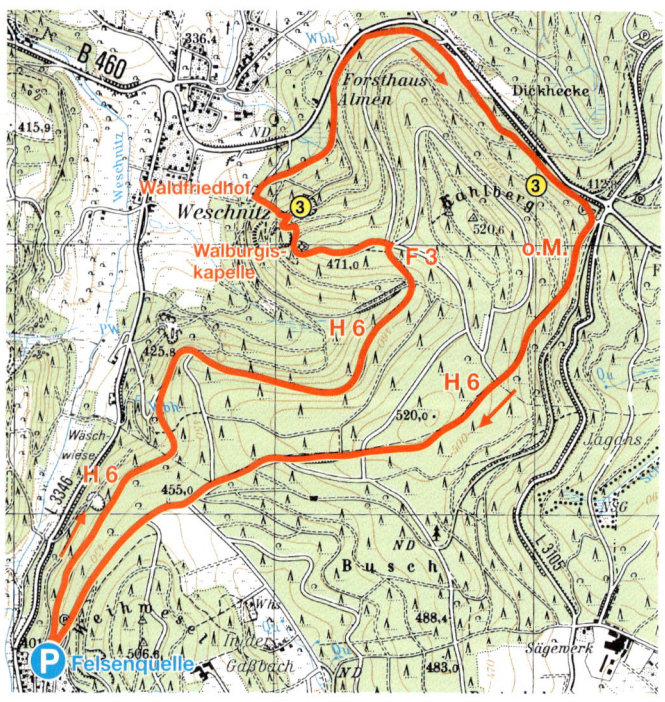

einen herrlichen Buchenhochwald. Dann folgen wir einem schönen Waldweg durch wechselnde Waldbestände. Nach etwa 20 Meter mündet unser Weg in eine leicht ansteigende Forststraße. Nach einem kurzen Anstieg biegen wir wieder in einen fast eben verlaufenden Waldweg ein. Als der dortige Kiefernbestand noch jung war, hieß dieser Weg „Panoramaweg", da man von hier einen herrlichen Ausblick auf das obere Weschnitztal und Lindenfels hatte. Nach etwa einer halben Stunde biegen wir von diesem Weg nach rechts ab und folgen der Markierung **F 3** ein kurzes Stück steil bergauf. Auf der Anhöhe kommen wir an einen Gedenkstein, der an die Grenzziehung der Mark Heppenheim durch Karl den Großen im Jahre 795 erinnert.

Als mit der Herrschaft der Franken die eigentliche Besiedlung im Odenwald begann, spielten die Bistümer Mainz und Worms eine bedeutende Rolle. Beide wetteiferten um die Missionierung und Erfassung neuer Gebiete. So umfasste die im 7. Jahrhundert neu gebildete Königsmark Heppenheim gleichermaßen Wormser und Mainzer kirchlichen Besitz. Nachdem König Karl 773 dem neu gegründeten Kloster Lorsch die Mark Heppenheim geschenkt hatte, führten diese vermischten Besitzverhältnisse zu Spannungen und Streitigkeiten.

Das Kloster Lorsch war 764 durch den fränkischen Gaugrafen Cancor gegründet worden und hatte 8 Jahre später, 772, den Status einer freien Reichsabtei und dadurch eigenständige politische Macht erhalten. Um die Streitigkeiten zwischen dem Kloster und den Bistümern beizulegen, ließ Karl der Große im Jahre 795 ein Schiedsgericht auf dem Kahlberg bei Weschnitz einberufen und die Grenzen der Mark Heppenheim neu festlegen. Danach verblieben große Teile des Odenwaldes und der Bergstraße beim Kloster Lorsch. Zur Bekräftigung dieser Grenzziehung wurden in der Urkunde außer den Eckpunkten auch die größeren Ortschaften, die in diesem Gebiet lagen, aufgezählt. Dank dieser Urkunde konnten die Gemeinden Birkenau, Mörlenbach, Rimbach und Fürth 1995 auf dem Kahlberg an historischer Stätte ihre 1200-Jahr-Feier begehen.

Von diesem Gedenkstein folgen wir unserem Markierungszeichen **F 3** zur nahe gelegenen Walburgiskapelle. Vom Vorplatz dieser kleinen Bergkapelle haben wir einen einmaligen Blick auf Weschnitz, auf das zwischen dem Krehberg und dem Kohlwald schluchtartige Weschnitztal und auf das malerisch am Berghang gelegene Lindenfels mit seiner mittelalterlichen Burgruine.

Der Bergvorsprung, auf dem die Walburgiskapelle steht, hat eine lange Vergangenheit. Man vermutet, dass sich hier in vorchristlicher Zeit eine keltische Kultstätte befand. Die Orts- und Flurnamen der Umgebung geben uns den Hinweis, dass einst Kelten in dieser Gegend siedelten und am Fuße des Berges Erz abbauten.

Als Anfang des 8. Jahrhunderts der Heilige Bonifatius im Frankenland missionierte, folgten auch seine Nichte Walburga und ihre Brüder Wunnibald und Willibald seinem Ruf. Man erzählt, dass die Heilige Walburga hierher gekommen sein soll um an dieser heidnischen Kultstätte

Walburgiskapelle bei Weschnitz

das Christentum zu verkünden. Sie wurde von den Heiden verfolgt und fand Schutz in einer Höhle. Ob sie dann tatsächlich an der ehemaligen heidnischen Kultstätte eine Kapelle bauen ließ, ist nicht bekannt. Nachgewiesen ist, dass in der Grenzbeschreibung der Mark Heppenheim von 795 eine der Heiligen Walburga geweihte Kapelle, „Manoldes-cella", genannt wird. Im Mittelalter lebten Eremiten bei dieser Kapelle. Im Dreißigjährigen Krieg wurde sie zerstört und die Eremiten vertrieben. Nach den Kriegswirren blühte das religiöse Leben rasch wieder auf. 1671 wurde eine neue Kapelle errichtet und 1680 durch eine eiserne Glocke bereichert. Ein Brand vernichtete sie erneut. In der Folgezeit wurde das noch brauchbare Baumaterial wie z. B. Mauersteine von den Bewohnern der Umgebung weggeholt. Um 1815 baute man aus den Bruchsteinen ein kleines Restkapellchen und errichtete davor eine offene Holzhalle zum Schutz der Wallfahrer.

Im Sommer 1932 regte Pfarrer Georg aus Hammelbach die dringend notwendige Instandsetzung an. Den Anfang machte Lehrer Metzendorf aus Weschnitz, unterstützt von wenigen Helfern. Am 17. September desselben Jahres konnte das kleine Kapellchen erneut geweiht werden. Zur Bauernwallfahrt im darauf folgenden Jahr läutete erstmals wieder ein neues Glöckchen. Es zeigte sich jedoch, dass diese Instandsetzungsarbeiten unzureichend waren. Daher begann man 1935 mit dem Bau einer neuen Kapelle. Das kleine Kapellchen wurde dabei dem Neubau als Chor stilvoll eingegliedert. Der Mainzer Holzschnitzer Knobloch schuf zwei kunstvolle Standbilder von Walburgas Brüdern St. Wunnibald und St. Willibald, die zusammen mit der Statue der Heiligen Walburga auf einem Seitenaltar aufgestellt wurden. Diese drei Standbilder wurden in der Nacht vom 21. auf den 22. Februar 1967 gestohlen. Glücklicherweise konnte jedoch wenige Wochen später die Kripo Heppenheim diese Standbilder wieder sicherstellen und am 1. Mai erfolgte die feierliche „Heimführung" im Rahmen einer großen, dankerfüllten Wallfahrt. Diese Wallfahrt wird seitdem alljährlich am 1. Mai durchgeführt, um von der Heiligen Walburga Schutz vor Unheil und Leid zu erbitten.

Von der Kapelle laufen wir nun einen steilen Serpentinenpfad bergab zum Waldfriedhof von Weschnitz. Die Gräber auf diesem Friedhof tragen alle einheitlich ein hölzernes Kreuz mit einem Dach. Am Eingang lesen wir den Spruch: „Im Tode sind alle gleich."

Von hier folgen wir nun ein kleines Stück dem **Rundweg 2** des Naturparks nach rechts. Dann stoßen wir auf den **Rundweg 3** (gelbe Ziffer im gelben Kreis) und folgen diesem zur Wegscheide. Am Eingang zum Parkplatz sehen wir auf der linken Seite einen ganz besonderen Grenzstein. Unter dem Pfälzer Rautenwappen lesen wir den Schriftzug „Abgelöst" mit der Jahreszahl 1650 und darunter sehen wir das Mainzer Rad. Diese Grenzsteine dokumentieren ein Stück Geschichte:

1232 schenkte Kaiser Friedrich II. die gefürstete Abtei Lorsch mit allen Rechten, Gütern und Einkünften dem Erzbischof von Mainz, nachdem dieser schon 4 Jahre vorher von Papst Gregor IX. die Verwaltung des Klosters übertragen bekommen hatte. Im 14. und 15. Jahrhundert kam es dann des öfteren zu Streitigkeiten rivalisierender Kandidaten um das Amt des Erzbischofs von Mainz. 1461 wurde der Mainzer Erzbischof Diether von Isenburg vom Papst wegen nicht geleisteter Zahlungen seines Amtes enthoben und dafür Adolf von Nassau zum Erzbischof ernannt. Diether von Isenburg widersetzte sich dieser Anordnung und verbündete sich mit seinem früheren Gegner, dem Kurfürsten Friedrich von der Pfalz. Für dessen Waffenhilfe gegen Adolf von Nassau verpfändete er ihm das gesamte Amt Starkenburg mit der reichen Bergstraße

Waldfriedhof von Weschnitz mit einheitlichen Holzkreuzen

und weiten Teilen des Odenwaldes. Die Wiedereinlösung dieses Pfandes sollte nach Zahlung von 100 000 Gulden möglich sein. Diether von Isenburg verlor diese Auseinandersetzung mit dem Papst, und Adolf von Nassau bestätigte dem Pfalzgrafen die Pfandschaft. In der Annahme, dass die Rückzahlung dieses Pfandes dem Erzbischof von Mainz nicht möglich sei, ließ Kurfürst Friedrich sein neues Territorium durch Grenzsteine abmarken und sein Rautenwappen darauf einschlagen. Der Dreißigjährige Krieg, der zu einer Machteinbuße der Pfalz geführt hatte, brachte die Wende. Unter Vermittlung der Schweden wurde die Pfandschaft eingelöst. Das Erzstift Mainz ließ daraufhin auf den pfälzischen Grenzsteinen den Schriftzug „Abgelöst" mit der Jahreszahl 1650 und dem Mainzer Wappen einmeißeln, um den erneuten Herrschaftswechsel zu dokumentieren.

Nun laufen wir über den Parkplatz, wenden uns am Ausgang nach rechts und gehen die unmarkierte Forststraße bergauf. An der Wegkreuzung unterhalb der Bergkuppe stoßen wir auf unsere alte Wegmarkierung **H 6**. An dieser Kreuzung, auf der rechten Seite etwas im Wald verdeckt, steht ein weiterer alter Grenzstein. Er trägt die Jahreszahl 1575 und verweist auf die Grenze zwischen der Grafschaft Erbach und dem Amt Starkenburg. Dieser Grenzstein hat heute noch Gültigkeit, da hier die Kreisund Gemarkungsgrenzen aufeinandertreffen.

Unser Wanderweg folgt nun diesem Grenzverlauf. Bei der Einmündung in eine Forststraße kommen wir an einem alten Wegweiserstein vorbei. Auf den beiden beschrifteten Seiten liest man: „Nach Hilterclingen ? Stund" und „Nach Mossau 2 Stund". Dieser Stein dokumentiert, dass dies einst eine bedeutende Weggabelung war.

Wenig später erreichen wir den Waldrand und haben nach links einen schönen Blick in das bekannte Gaßbachtal.

Wir verlassen nun die Forststraße, die in diesem Bereich für den Verkehr zum Café Bauer freigegeben ist, und laufen auf einem schönen Waldweg zurück zu unserem Parkplatz.

Das vergessene Tal

Ausgangspunkt:	*Rathaus Hammelbach*
Wanderstrecke:	*Hammelbach – Altlechtern –*
	Kröckelbach – Brombachtal –
	Weschnitzquelle – Hammelbach
Länge/Dauer:	*11,3 km/3¾ Stunden*
Markierungen:	⊥ *(gelb) – ⑦ – ⑥ – Ⓥ – H 5 –*
	F 3 – H 5 – G 2
Einkehrmöglichkeit:	*Altlechtern*

Ausgangspunkt unserer Wanderung ist der Parkplatz vor dem Rathaus in Hammelbach.

Über die Ersterwähnung von Hammelbach gibt es keine eindeutige Aussage. Einheitlicher beurteilt man dagegen die Namensbedeutung: Bach an einer steilen Anhöhe. In der Tat ist Hammelbach Quellgebiet der beiden

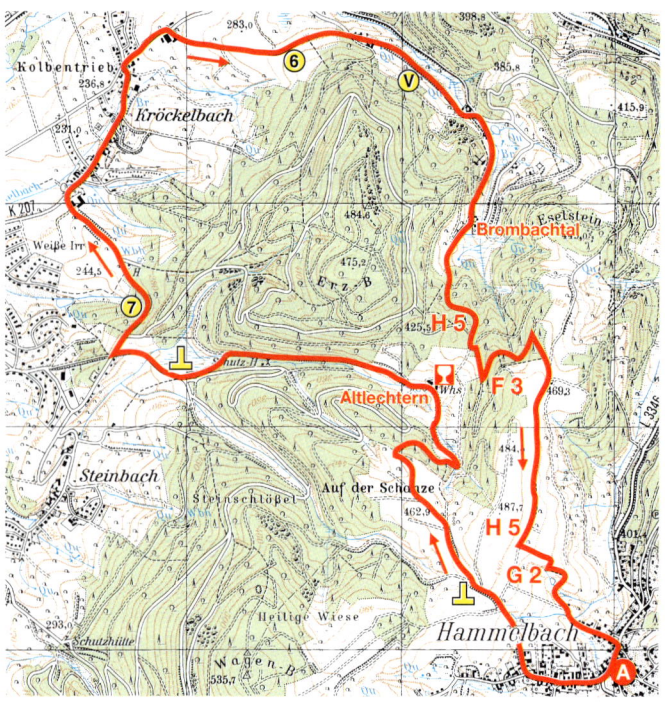

Gotische Kapellenruine, Hammelbach

bedeutendsten Bäche des südlichen Odenwaldes, der Weschnitz und des Ulfenbaches, die der Talschaft, die sie durchlaufen, ihren Namen gegeben haben. Der Ulfenbach mündet bei Hirschhorn in den Neckar, die Weschnitz westlich von Biblis in den Rhein. Die Wasserscheide zwischen Neckar und Rhein verläuft wenige Meter oberhalb vom Parkplatz mitten durch den Ort. Dank dieser topographischen Gegebenheit lag Hammelbach seit jeher „verkehrsgünstig" an einer alten Handelsstraße. Unter geschickter Ausnutzung der Wasserscheiden und der Kammlinien versuchte man von Regen- und Hochwasserzeiten unabhängig zu sein. So verlief der eine Arm des Handelsweges, von der Wegscheide kommend, über Hammelbach, die Tromm, die Kreidacher Höhe und der westlichen Ulfenbachseite zum Neckar und der zweite Arm, fast dem Grenzverlauf der Grafschaft Erbach folgend, über Gras-Ellenbach, die Affolterbacher Höhe und Raubach geradewegs nach Hirschhorn. Alte, heute nur noch für den Wanderer bedeutsame Wegweisersteine, erinnern an diese einstigen Handelswege.

Vom Parkplatz folgen wir der OWK-Markierung ⊥ (gelb) nach rechts. Unser Weg führt an der kleinen evangelischen Kirche vorbei. Ihr gegenüber sehen wir an der Friedhofsmauer Reste des früheren Zentgefängnisses und darüber die Ruine einer gotischen Kapelle aus dem 14. Jahrhundert (siehe Seite 52 f.).

Rund 100 Meter hinter dem Friedhof biegen wir rechts ab und folgen der OWK-Markierung bergauf. Oberhalb von Hammelbach hat man einen schönen Blick zurück auf das Dorf und seine Umgebung. Wenig später eröffnet sich von der Anhöhe ein schöner Ausblick nach Nordwesten in das breite Weschnitztalbecken. Dann führt der Weg abwärts in das Altlechterner Tal. Hier befand sich früher eine kleine Bauernsiedlung mit einer über 900 jährigen Geschichte. Das enge, abgeschiedene Tal konnte jedoch die Familien nicht ernähren und wurde wieder aufgegeben. Übrig blieb lediglich ein Einzelgehöft, in dem heute eine Gaststätte untergebracht ist. Diese Gaststätte ist zu einem beliebten Wanderziel geworden.

Unser Weg führt das Tal weiter abwärts. Nach etwa einer Viertelstunde kommen wir an einem Jugendzeltplatz des Naturparks vorbei.

Oberhalb von Fürth kommen wir an einer Wegkreuzung an einen Schilderbaum. Hier verlassen wir die OWK-Markierung und folgen zuerst dem **Rundweg 1** des Naturparks nach rechts und kurz darauf dem **Rundweg 7** geradeaus hinab nach Kröckelbach.

Kröckelbach ist eine alte Siedlung, die schon 1094 als „Krechlenbach" urkundlich erwähnt wurde. Im Mittelalter wurde hier, am Fuße des Erzberges, Eisenerz gefördert.

An der Kreisstraße wenden wir uns nach rechts und folgen unserer Markierung durch das Dorf. Gleich am Anfang befindet sich auf der rechten Seite das Feriendorf des Kreises Bergstraße. Es wurde 1968 angelegt, um Familien einen unbeschwerten Urlaub zu ermöglichen. Fast am Ende von Kröckelbach biegen wir rechts ab und folgen dem **Rundweg 6** hinauf zum Aussiedlerhof „Windhof". Dieser Hof hat sich durch seine Pferdezucht in Fachkreisen einen guten Ruf erworben.

Beim „Windhof" biegen wir rechts ab und gehen zwischen den Feldern leicht bergauf. Auch dieser Weg bietet eine schöne Aussicht auf das obere Weschnitztal mit Krumbach und dem malerisch am Berghang gelegenen Lindenfels, oft auch „Perle des Odenwaldes" genannt.

Etwa 1 Kilometer hinter dem „Windhof" treffen wir auf einen von Brombach kommenden Fahrweg, der das Tal

Brombacher Tal

hinaufführt. Mit dem Gehöft auf der rechten Seite hat es eine besondere Bewandnis. Dort stand früher eine Eremitage. Von außen ist dem Haus nichts Außergewöhnliches anzusehen. Im Hausflur befindet sich aber noch ein Türbalken mit der Inschrift: „Brud. Meinradus und Brud. Bonifatius anno 1737 den 23. May".

Zeitpunkt und Einzelheiten über die Gründung der Eremitage sind unbekannt. Man vermutet, dass nach Rückgabe des verpfändeten Gebietes an Mainz Eremiten den katholischen Glauben wieder festigen sollten. Des Weiteren nimmt man an, dass Benediktinermönche vom Kloster Amorbach im 18. Jahrhundert eine Schule in der Eremitage unterhielten. Diese Brüder widmeten sich dem Unterricht der Jugend der Umgebung. Sogar Kinder aus Lindenfels sollen zum Unterricht hierher gekommen sein. Daher liegt die Vermutung nahe, dass der Unterricht der Brüder für die damalige Zeit eine Art höhere Schule darstellte. Vorhanden sind noch ein Rechenbuch von 1762 und eine massive Schulbank aus schwerem Eichenholz.

Von der „Eremitage" folgen wir nun dem **Verbindungsweg V** das Brombacher Tal weiter aufwärts. Das Tal wird zunehmend enger und beim nächsten Bauernhof zweigt die Markierung nach rechts ab. Wir überqueren den kleinen Bachlauf und folgen dem Wanderweg bergauf. Schon nach wenigen Minuten weitet sich das Tal wieder und wir glauben uns in eine frühere Epoche zurückversetzt. Vor uns liegt ein alter Bauernhof, so wie wir ihn von alten Bildern kennen, der eine fast unwirkliche Idylle ausstrahlt. Umgeben von bewaldeten Hängen überlässt uns dieses abgeschiedene Tal unseren eigenen Träumen und Wünschen.

Im Wald kommt dann von links die örtliche Markierung **H 5** auf unseren Wanderweg, der wir nun geradeaus, bergauf, folgen. Nach etwa 10 Minuten erreichen wir den Bergsattel und blicken vom Waldrand hinab nach Altlechtern. Von dort kommt auch der Wanderweg **F 3** hinauf, dem wir nun nach links folgen. Der Weg führt zunächst am Waldrand entlang und dann hinauf auf die freie Hochfläche von Hammelbach. An der Wegkreuzung treffen wir wieder auf den Rundweg **H 5**, dem wir geradeaus zurück nach Hammelbach folgen. Von diesem Höhenweg haben wir eine herrliche Aussicht auf das obere Weschnitztal und die Höhenzüge rund um Hammelbach. Kurz vor dem Ort biegen wir aber nochmals links ab und folgen dem Rundweg **G 2** zu der nahe gelegenen Weschnitzquelle. Hier lädt eine schöne Freizeiteinrichtung mit Teichanlage, Kneippbecken und Grillhütte zum Verschnaufen ein, bevor wir ins Dorf zurückgehen.

Auf dem Gemeinde-Rundweg G 1
von Grasellenbach

Ausgangspunkt:	*Nibelungenhalle, Gras-Ellenbach*
Wanderstrecke:	*Gras-Ellenbach – Wahlen –*
	Litzelbach – Hammelbach –
	Gras-Ellenbach
Länge/Dauer:	*8,9 km/2½ Stunden*
Markierung:	*G 1*
Einkehrmöglichkeiten:	*Wahlen, Hammelbach,*
	Gaßbachtal

Der Name von Gras-Ellenbach, dem einzigen Kneipp-Heilbad im Odenwald, ist durch den sagenumwobenen Siegfriedbrunnen, an dem Hagen Siegfried getötet haben soll, weithin bekannt. Überall stößt man im Ort auf Na-

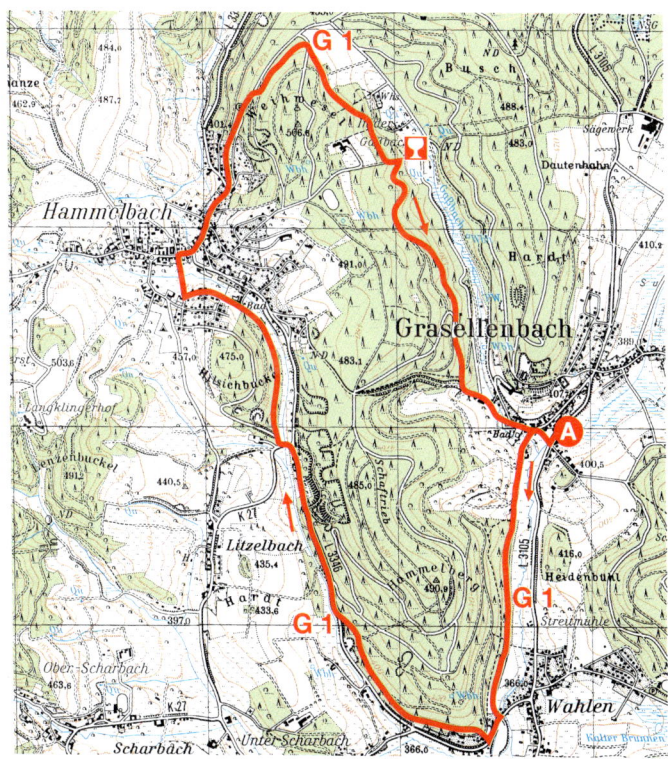

men aus dem Nibelungenlied wie z. B. Nibelungenhalle, Hotel Siegfriedbrunnen, Gasthof Hagen, Burgunderstuben, Krimhildruh etc.

Als 773 König Karl seine Königsmark Heppenheim dem neu gegründeten Kloster Lorsch schenkte, wurde das obere Ulfenbachtal als Waldmark bezeichnet. Eine Besiedlung zu einem so frühen Zeitpunkt kann daher ausgeschlossen werden. Eine erste Rodung dürfte im Auftrag oder mit der Erlaubnis des Klosters Lorsch im Raum von Wahlen zu suchen sein. Der später urkundlich erwähnte Name „Waldau" könnte auf eine Rodung, eine „Aue im Wald" zurückgehen. Aus einem ersten Gehöft könnte dann ein Wehr-Bauernhof mit Palisade und Wassergraben entstanden sein, der später, mit Genehmigung des Klosters Lorsch, durch eine Ummauerung mit Turm und Kapelle zu einer Wasserburg ausgebaut wurde. Von dieser Siedlungszelle erfolgten dann weitere Rodungen und Ansiedlungen. Als im 13. Jahrhundert die Verwaltung des Klosters Lorsch dem Mainzer Erzbischof übertragen wurde, mag ein Freiraum entstanden sein, den sich die Herren von Waldau zunutze machten. In diese Zeit fällt nämlich die urkundliche Ersterwähnung, die 1255 den Ritter Berthold von Waldau an seine Abgabepflicht gegenüber dem Kloster Lorsch erinnert. Auch die Zerstörung der Burg Waldau liegt im Dunkeln. Es wird vermutet, dass sie mit dem Angriff des Pfalzgrafen Rudolf auf Michelstadt im Jahre 1307 im Zusammenhang steht, der sich das Gebiet der Erbacher Schenken aneignete, um es ihnen dann als pfälzer Lehen wieder zurückzugeben.

Die erste urkundliche Erwähnung von Gras-Ellenbach erfolgte 1423. Der Ritter Bernhard Kreis von Lindenfels erhielt von seinem Lehnsherren, dem Pfalzgrafen Ludwig III., für die Rückgabe der Herrschaft Waldau mit den Dörfern Scharpach und Grasenbach (Gras-Ellenbach) 1700 Rheinische Gulden. Verwaltungsmäßig verblieb Gras-Ellenbach jedoch beim pfälzischen Oberamt Lindenfels. Dieses war in die Tal-Cent, die Wald-Michelbacher Cent und die Hammelbacher Cent, der späteren Aicher Cent, zu der auch Gras-Ellenbach gehörte, unterteilt.

Für die Deutung des Ortsnamens von Gras-Ellenbach vermutet man einen Zusammenhang mit den Wiesengründen und den dort lebenden Elentieren, einer mittler-

Blick auf Gras-Ellenbach

weile ausgestorbenen Hirschart, die es früher in dieser Gegend recht zahlreich gegeben haben soll. Ein anderer Deutungsversuch bezieht sich auf den Gaßbach, der ähnlich einem „Ellenbogen" im Ortsbereich einen Knick macht.

Wie die meisten Odenwalddörfer war Gras-Ellenbach ein Hubendorf. Im Mittelalter bestanden 7 Gehöfte, die im unteren Teil des heutigen Dorfes, etwa zwischen dem Schulhaus und dem Hotel Siegfriedbrunnen lagen. Das zu jedem Gehöft gehörige Gelände verlief in einem Streifen vom Berg durchs Tal zum Berg, sodass der Anteil an Wald, Felder und Wiesen gleich verteilt war.

Zur unterschiedlichen Schreibweise von Gras-Ellenbach sei noch gesagt, dass die Trennung durch Bindestrich den Ortsteil und ohne Bindestrich die Großgemeinde bezeichnet.

Der Gemeinde-Rundwanderweg von Grasellenbach führt rund um den Hammelberg und verbindet alle Ortsteile. Er ist fast ohne Steigungen, verläuft meist auf schönen, abwechslungsreichen Waldwegen und ist durchgehend mit **G 1** markiert.

Wir beginnen unsere Wanderung an der Nibelungenhalle. Dort überqueren wir die Straße, laufen diese ein paar Schritte abwärts und biegen dann rechts ein. Vor dem Gasthof „Dorflinde" biegen wir zweimal hintereinander links ab und gehen auf einem bequemen Spazierweg das Ulfenbachtal abwärts nach Wahlen. Der Weg führt am

Das Gaßbachtal

Waldrand entlang, sodass man ständig einen schönen Ausblick hat. In Wahlen wenden wir uns an der Straße nach rechts und folgen ihr ein paar Schritte in Richtung Hammelbach. Dann biegen wir erneut rechts ab. Der Weg führt ein kleines Stück bergauf zum Ehrenmal der Kriegsopfer. Hier biegen wir nach links in einen Waldweg ein. Nach einem kurzen Anstieg verläuft dieser völlig eben. Unser Wanderweg mündet schließlich in einen breiten Forstweg, der zur Straße hinunterführt. Wir überqueren dieselbe und laufen auf einem herrlichen Waldpfad an einem Bach entlang. Kurz vor Litzelbach müssen wir hinauf zur Straße und dieser ein Stück folgen. Bei der Abzweigung wenden wir uns nach links, überqueren die Straße und folgen erneut einem Waldrandweg nach Hammelbach. Der Wanderweg führt oberhalb am Schwimmbad vorbei und biegt dann nach rechts zum Ort hin ab. An der Dorfstraße wenden wir uns nach rechts und laufen am Rathaus vorbei längs durchs Dorf. Auf der Kuppe weist eine Tafel an der Hauswand daraufhin, dass wir soeben die Wasserscheide zwischen Neckar und Rhein überschreiten. Wenig später verlassen wir die Durchgangsstraße und folgen einer kleinen Ortsstraße zum Parkplatz „Felsenquelle". Hinter dem Parkplatz biegen wir rechts ab und laufen auf einem schmalen Waldpfad oberhalb des bekannten Gaßbachtales zurück nach Gras-Ellenbach.

Wanderung nach Güttersbach

Ausgangspunkt: Nibelungenhalle, Gras-Ellenbach
Wanderstrecke: Gras-Ellenbach – Köhlerhütte –
Dachsbrunnen – Güttersbach –
Mornsbachtal – Gras-Ellenbach
Länge/Dauer: 12,4 km/4 Stunden
Markierungen: ⊥ (gelb) – Gü 6 – Hü 9 – o. Mark. –
Gü 5 – Gü 4 – Ⓥ – o. Mark. – G 6
Einkehrmöglichkeit: Güttersbach

Vom Parkplatz an der Nibelungenhalle in Gras-Ellenbach wenden wir uns nach rechts und gehen die Fahrstraße aufwärts. An der ersten Straßenkreuzung stoßen wir
auf die OWK-Markierung ⊥ (gelb), der wir nach rechts
in die Güttersbacher Straße folgen. Hier sehen wir auf
der rechten Seite, Hausnummer 13, das Hirtenhäuschen.
Dieses wohl älteste und kleinste Gebäude des Ortes diente einst dem Gemeinde-Sauhirten als Wohnung.

Gemeindehirten, zu denen auch die Kuh-, Ziegen-,
Schaf- und Gänsehirten bzw. -hirtinnen zählten, erfüllten
in früheren Jahrhunderten im dörflichen Leben eine

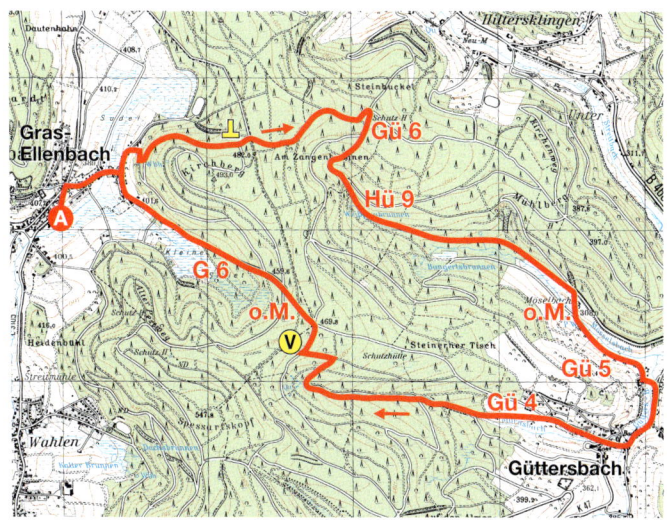

wichtige öffentliche Aufgabe. Sie wohnten im allgemeinen in eigens von der Gemeinde zur Verfügung gestellten Wohnräumen, entweder im Gemeindehaus, oft auch Armen- oder Hirtenhaus genannt, oder in einem ausgesprochen kleinen Häuschen. Derartige Hirtenhäuschen gab es früher in fast allen Gemeinden des Odenwaldes. Die Schweine wurden frühmorgens vom Sauhirten zur Mast in den Gemeindewald getrieben und abends wieder zurück in ihre Ställe gebracht. Neben dem freien Wohnrecht hatte der Sauhirt nur eine geringe Entlohnung, die meist in Form von Naturalien erfolgte. Als in Gras-Ellenbach kein Sauhirte mehr diesen Dienst versah, diente das Hirtenhaus der Gemeinde als Armenhaus. Heute ist dieses Gebäude liebevoll restauriert und in ihm wurde ein kleines Museum eingerichtet.

Einige Häuser weiter sehen wir auf der linken Seite das Bürogebäude vom Natursteinwerk Hintenlang. Diese traditionsreiche Firma, mit einer über 150 jährigen Erfahrung in Buntsandsteinbrüchen, hat, um heute zu überleben, ihre Produktion den neuzeitlichen Bedürfnissen angepasst. Ihr Lieferprogramm umfasst u. a. Verblendsteine, Springbrunnen, Wasserspiele, Bodenplatten, Pflanzsteine, Tröge für Gartenanlagen, Treppen, Kaminanlagen und dekorative Figuren. Die Vielfalt an Einsatzmöglichkeiten von Buntsandstein für Haus und Garten ist fast unbeschränkt.

Wenig später verlassen wir die Straße und folgen der OWK-Markierung bergauf in den Wald. Der Weg führt am Hang des Kirchbergs hinauf auf die Höhe und von dort durch einen abwechslungsreichen Mischwald zur Köhlerhütte.

Diese Schutzhütte erinnert in ihrer Form an die früheren Köhlerhütten. Das Köhlerhandwerk war im Odenwald, und besonders im waldreichen Überwald, weit verbreitet. Der Köhler errichtete seinen Meiler auf einem vorher völlig eingeebneten Platz. Der aufmerksame Wanderer findet derartige Köhlerplatten an vielen Stellen im Wald. Zur Überwachung seines brennenden Meilers baute der Köhler sich eine kleine Hütte, die ihm Schutz vor Wind und Wetter bot. Nach Abbrennen des Meilers verkaufte er seine Holzkohle der heimischen Industrie oder den Schmieden und karrte sie zuweilen bis in die Städte an der Bergstraße und in der Rheinebene.

5

An der Köhlerhütte verlassen wir die OWK-Markierung und folgen dem örtlichen Rundweg **Gü 6** nach rechts. Zunächst laufen wir noch ein Stück auf einem breiten Forstweg, biegen dann links ab und gehen auf einem schönen Waldweg bergab. Dieser mündet erneut in eine Forststraße, der wir nun talwärts folgen. Unser Wanderzeichen ist jetzt **Hü 9**. Nach wenigen Minuten sehen wir auf der rechten Seite das Quellgebiet des

Mösselbaches. In den letzten Jahren hat man die artfremden Nadelhölzer in unmittelbarer Nähe des Baches gefällt, um den ursprünglichen Zustand wieder herzustellen. Auf der linken Seite kommen wir dann am Dachsbrunnen vorbei. Dieser Brunnen wurde 1995 von der OWK-Ortsgruppe Güttersbach zu einer sehr schönen Anlage hergerichtet. Wenig später erreichen wir den Waldrand und laufen ein Stück daran entlang. Beim ehemaligen Forsthaus Mösselbach verlassen wir den Wanderweg **Hü 9** und gehen **ohne Markierung** auf die andere Talseite. Hier stoßen wir auf die Markierung **Gü 5** und folgen ihr talwärts nach Güttersbach.

Dieser Ort wurde im 13. Jahrhundert als „Gunderspach", eine Siedlung des „Gunders am Bach", erstmals erwähnt. Zumindest die Örtlichkeit ist jedoch wesentlich länger bekannt. Schon in vorchristlicher Zeit verehrte man eine Quelle, der man auch in späteren Jahrhunderten wahre Wunderdinge nachsagte, und deren Wasser noch heute aus einem Brunnen an der Straße unterhalb des Pfarrhauses sprudelt.

Güttersbach war für die Christianisierung der Umgebung ein wichtiger Stützpunkt. Etwa zeitgleich mit der Entstehung der Burg Waldau wurde wahrscheinlich auf Befehl des Klosters Lorsch zwischen dem Güttersbach und dem Mösselbach eine Tiefburg angelegt, die ähnlich wie Burg Waldau den Talzugang kontrollieren sollte. Nachdem die Reichsabtei Lorsch 1232 ihre Selbstständigkeit verloren hatte, dürfte die Wasserburg Güttersbach in den Besitz der Schenken von Erbach gelangt sein. 1307 zwang der Pfalzgraf Rudolf den Schenken von Erbach seine Lehnsherrschaft auf, die auch deren eigenen Besitz miteinschloss. Diese Besitzaneignungen seitens der Pfalz wurden durch kriegerische Auseinandersetzungen erzwungen. Die gewaltsame Zerstörung der Wasserburg Güttersbach dürfte in diesem Zusammenhang gesehen werden.

Ähnlich wie in Schöllenbach wurde im frühen Mittelalter über der als wundertätig und heilkräftig angesehenen Quelle von Güttersbach eine Kapelle gebaut. Ihr Wasser sollte Augenleiden heilen und unfruchtbaren Frauen helfen. So wurde die Quellkirche in Güttersbach neben der St. Leonhardskapelle bei Beerfelden, der Quellkirche in Schöllenbach und der St. Odilia-Quelle von Hessel-

Blick auf Güttersbach

bach, Station der Wallfahrer auf ihrem Weg zum Heilig-Blut-Altar in Walldürn. Die Güttersbacher Quelle, die ursprünglich im Gotteshaus entsprang, ist bei Umbauarbeiten neu gefasst worden und ihr Wasser sprudelt, wie bereits erwähnt, unterhalb vom Pfarrhaus in einen Brunnen.

Nach Einführung der Reformation in der Grafschaft Erbach wurde Güttersbach lutherisch. Damit war ein vorläufiges Ende der Wallfahrten gekommen. Als diese jedoch später wieder aufgenommen wurden, war die Quellkirche von Güttersbach erneut Etappenziel der Wallfahrer. Adam Karrillon hat in seinem Roman „Die Mühle zu Husterloh" diesen Wallfahrtsweg nach Walldürn beschrieben. Er führte von Wald-Michelbach über das Olfener Bild nach Güttersbach und von dort über Beerfelden, Schöllenbach, Hesselbach und Ernstthal weiter nach Walldürn. Adam Karrillon ist als neunjähriger Bub an Stelle seiner schwer erkrankten Mutter diesen Wallfahrtsweg selbst gegangen.

Zu erwähnen ist schließlich noch ein Stein, der in der Nähe des Mösselbaches gefunden wurde und sich seitdem in der Obhut der Pfarramtes befindet. Auf diesem Stein ist ein Kreuz und eine Figur mit ausgebreiteten Armen eingemeißelt. Es handelt sich um eine sehr alte Christusdarstellung aus dem frühen Mittelalter.

Von der Kirche folgen wir dem örtlichen Rundweg **Gü 4** nach rechts. Der Weg führt an einem uralten Eichenstumpf vorbei in ein Wiesental und im Wald das idyllische Mornsbachtal aufwärts. Vor Jahren wurden auch in diesem Tal die artfremden Nadelhölzer gefällt. Heute findet man in der feuchten und sumpfigen Talsohle wieder zahlreiche Moos-, Gras- und Kräuterarten sowie Kleinsträucher und junge Laubbäume, die der dichte Fichtenwald zuvor verdrängt hatte.

Im Talgrund biegt der Weg rechts ab und steigt allmählich an. An einer Wegkreuzung verlassen wir den Rundweg **Gü 4** und folgen dem **Verbindungsweg V** (gelbes V im gelben Kreis) nach rechts. Schon nach wenigen Schritten stoßen wir auf die alte Güttersbacher Straße, die von Gras-Ellenbach nach Güttersbach führt. Am Wegrand steht ein alter Grenzstein, der heute noch Gültigkeit hat, da er die Kreisgrenze markiert. Hier wenden wir uns nach links, gehen diesen Weg **ohne Markierung** hinab zur „Kleinen Striet" und von dort mit **G 6** zurück nach Gras-Ellenbach.

Wanderung zum Hildegeresbrunnen

Ausgangspunkt:	*Nibelungenhalle, Gras-Ellenbach*
Wanderstrecke:	*Gras-Ellenbach – Gaßbachtal –*
	Krumme Tanne – Wegscheide –
	Hildegeresbrunnen – Hirschwiese –
	Sudel – Gras-Ellenbach
Länge/Dauer:	*10,0 km/3 Stunden*
Markierungen:	*G 5 – ▼ (blau) – H 9 – G 2 – ✛ (rot)*
Einkehrmöglichkeit:	*Café Bauer, Gaßbachtal*

6

V‌om Parkplatz an der Nibelungenhalle gehen wir mit der örtlichen Markierung **G 5** die Fahrstraße abwärts, biegen

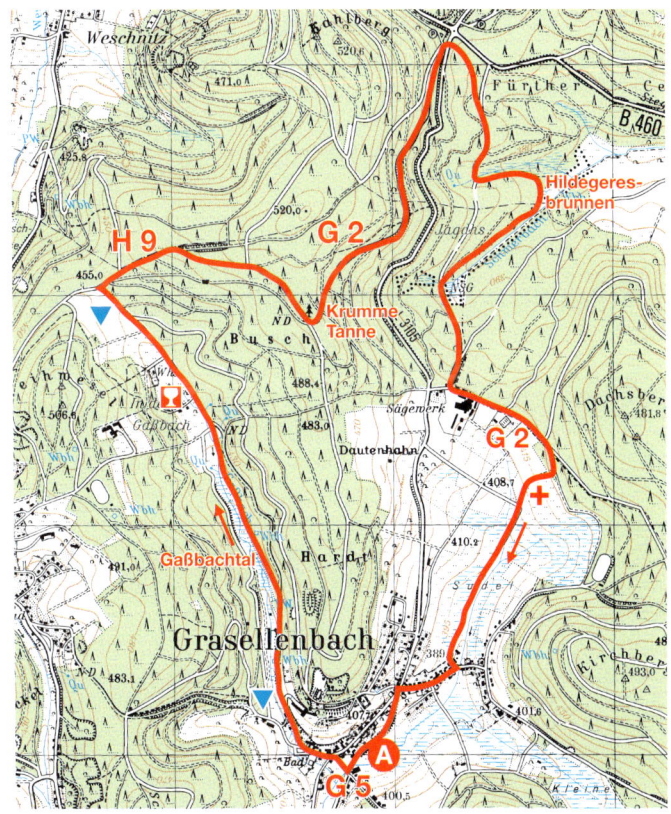

an der Kreuzung rechts ab und laufen auf die Gaststätte „Dorflinde" zu. Hier treffen wir auf die OWK-Markierung ▼ (blau), der wir nach links zum bekannten Hotel „Siegfriedbrunnen" folgen. Anschließend bringt uns unser Wanderweg in das bekannte Gaßbachtal. Dieses Tal beeindruckt den Wanderer durch seine landschaftliche Schönheit. Für den Spaziergänger, der als Tagesgast Gras-Ellenbach besucht, sind zahlreiche touristische Anlagen geschaffen.

Der Gaßbach, der dieses Tal durchfließt, ist mit seinen vier Quellen der nördlichste Zubringer des Ulfenbaches. Die bekannteste dieser vier Quellen ist die Felsquelle, auch Felsenquelle bzw. Nibelungenquelle oder Professor-Gerhard-Beisinger-Quelle genannt. Sie befindet sich etwa in der Mitte des Tales auf der rechten Seite unseres Wanderweges. Um sie herum ist eine kleine Erholungsanlage eingerichtet. Hier steht eine Gedenktafel für Professor Gerhard Beisinger, der sich nicht nur in Gras-Ellenbach, sondern im gesamten Naturparkbereich große Verdienste bei der Landschaftspflege erworben hat. Professor Beisinger war ehrenamtlich Beauftragter für Naturschutz und Landschaftspflege im Kreis Bergstraße. 1954 erfolgte auf seinen Antrag hin eine Verordnung des Regierungspräsidiums, wonach der Weschnitzer Kapellenberg, die an seinem Südhang liegende Moorwiese, der Fürther Zentwald, das Gaßbachtal und das Waldmoor in der Striet bei Gras-Ellenbach unter besonderen Landschaftsschutz gestellt wurden. Damit sollte der Fremdenverkehr gefördert werden und die Wechselwirkung zwischen Tourismus und Landschaft eine geregelte Form erhalten.

Oberhalb des bekannten und vielbesuchten Café Bauer biegen wir rechts ab und folgen unserem Markierungszeichen einen leicht ansteigenden Forstweg aufwärts. Nach knapp 10 Minuten erreichen wir einen alten Wegweiserstein. Dieser Stein verdeutlicht, dass wir uns auf einem alten Handelsweg befinden. Auf den beiden beschrifteten Seiten liest man: „Nach Mossau 2 Stund" und „Nach Hilterclingen? Stund".

Hier verlassen wir die OWK-Markierung und folgen dem örtlichen Rundweg **H 9** zur „Krummen Tanne".

Genau genommen handelt es sich dabei gar nicht um eine Tanne, sondern um eine rund 300 Jahre alte, wuchtige und fast astlose Kiefer mit gewundenem Stamm, der

Krumme Tanne

der Volksmund fälschlicherweise diesen Namen gegeben hat. Für ihn waren alle Nadelbäume Tannen.

An der Kreuzung wechseln wir erneut unser Wanderzeichen und folgen nun dem Rundweg **G 2** nach links hinab zur Wegscheide. Von unterwegs haben wir oberhalb einer Köhlerplatte einen schönen Blick auf Ober-Hiltersklingen. Der Name „Hiltersklingen" setzt sich aus dem Eigennamen „Hildeger" und dem Wort „Klinge" zusammen, was soviel bedeutet wie Schlucht oder enges Waldtal. Hiltersklingen, die Siedlung des „Hildeger an der Klinge", wurde im 14. Jahrhundert als „Hildegersklingen" erstmals urkundlich erwähnt. Unter- und Ober-Hiltersklingen waren über Jahrhunderte politisch getrennt. Ober-Hiltersklingen gehörte zum Mainzer Territorium, Unter-Hiltersklingen zu Erbach-Fürstenau. Dass diese Grenzziehung nicht immer friedlich verlief, bekunden zahlreiche Flurnamen in der Umgebung wie Streitbach, Streitbuche oder Streitberg.

Das Waldgebiet, das wir dann durchlaufen, gehörte früher zum Fürther Zentwald. Als 1821 der Großherzog von Hessen-Darmstadt die Zenten aufhob, wurde das gemeinsame Zentvermögen aufgeteilt. In der Zent Fürth waren 9 Gemeinden betroffen. Auch diese Aufteilung erfolgte nicht ohne Streitigkeiten, da die einzelnen Ortschaften ihren Anteil möglichst in der Nähe ihres Dorfes beanspruchten. Für die Bevölkerung von Fürth, die den Zentwald im Bereich der Wegscheide zugewiesen bekam, war aufgrund der Entfernung die Nutzung des Waldes, wie Sammeln von Laubstreu und Leseholz, quasi unmöglich.

An der Wegscheide (siehe Seite 8) überqueren wir die Straße und folgen dem Wanderweg **G 2** und der OWK-Markierung **+** (rot) in den gegenüberliegenden Wald zu

Tümpel nahe der Wegscheide

einem dunklen Moorteich. Dieser Teich entstand nach dem Bau der Forststraße durch angestautes Grundwasser und zählt heute zu den schönsten Biotopen im Überwald. Hier biegen wir links ab und folgen dem Bachlauf zum nahen Hildegeresbrunnen.

In der Beschreibung der Mark Heppenheim im Urkundenbuch der Reichsabtei Lorsch wurde bereits 795 der Hildegeresbrunnen als Grenzpunkt der Mark Heppenheim erwähnt. Es ist jedoch nicht sicher, ob die in der Urkunde erwähnte Örtlichkeit mit dem heutigen Hildegeresbrunnen identisch ist. Es wird auch vermutet, dass man die Quelle des Streitbaches etwa 1,5 km nordwestlich gemeint haben könnte. Beide Quellen liegen jedenfalls in unmittelbarer Nähe der Grenze. Für die Ableitung des Namens gilt die gleiche Erklärung wie für Hiltersklingen: der Brunnen des Hildeger. Der Hildegeresbrunnen gilt außerdem als eine der möglichen Quellen, an der Siegfried von Hagen meuchlings erstochen worden sein soll.

Vom Brunnen führt unser Wanderweg an der Schutzhütte vorbei zurück auf den Waldweg. Hier wenden wir uns nach links und laufen durch eine junge Dickung zur Hirschwiese. Noch vor wenigen Jahren standen an Stelle der Dickung hohe Fichten, die aber wegen Borkenkäferbefall gefällt werden mussten.

Das Naturschutzgebiet „Hirschwiese" ist ein Eldorado für Naturkundler. Am Rande befindet sich der Hirschbrunnen. Der Name erinnert an das früher hier zahlreich vorkommende Rotwild.

Von der Hirschwiese folgen wir der Markierung **G 2** bergauf bis zum Werksgelände des Sägewerks „Monnheimer". Dort gehen wir nach links durch das Firmengelände. Im Wald verlassen wir unseren Rundweg **G 2** und biegen mit der OWK-Markierung **+** (rot) nach rechts ab. Wir laufen ein kleines Stück durch einen jungen Fichtenbestand, wenden uns dann abermals nach rechts und kommen an ein unter Naturschutz stehendes Moorgebiet, das wir auf einem festen Weg zurück nach Gras-Ellenbach durchwandern.

6

Hildegeresbrunnen

Im Jagdgebiet der Nibelungen

Ausgangspunkt:	*Wahlen*
Wanderstrecke:	*Wahlen – Siegfriedbrunnen – Olfener Bild – NSG „Rotes Wasser"– Wahlen*
Länge/Dauer:	*10,3 km / 3 ½ Stunden*
Markierungen:	*Wa 3 – ⑥ – ✚ (rot) – ③ – Gü 4 – ② – Af 1 – ⑥ – Wa 3*
Einkehrmöglichkeit:	*Wahlen*

7

Die wohl bekannteste mittelalterliche Heldendichtung, das Nibelungenlied, hat für den Odenwald eine besondere Bedeutung. Hier soll vor etwa 1500 Jahren Siegfried von Hagen meuchlings ermordet worden sein.

Das Nibelungenlied wurde etwa um 1200 von einem unbekannten Dichter geschrieben. Es schildert das Leben von Kriemhild und Siegfried am Hofe des Burgunderkönigs Gunther zu Worms, wie Siegfried für Gunther

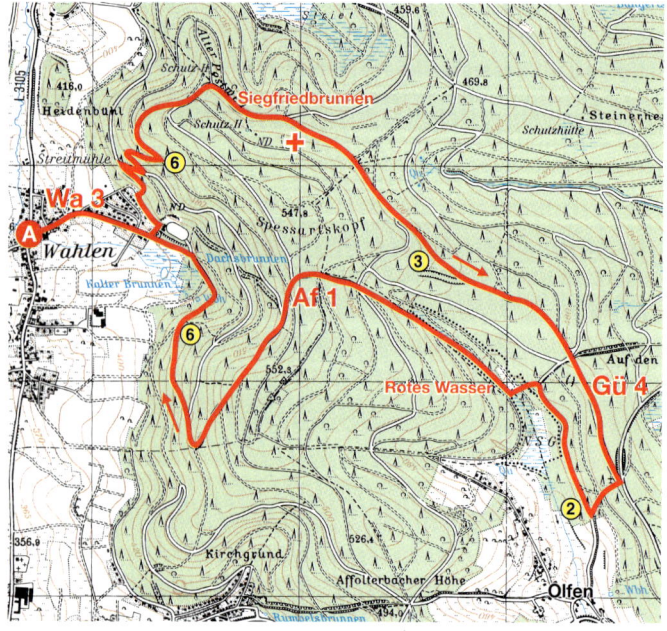

Brunhild gewann und dafür Kriemhild zur Frau bekam, wie sein Geheimnis der Unverwundbarkeit verraten, und er von Hagen von Tronje bei einem Jagdzug im Odenwald aus einer Quelle trinkend hinterrücks erstochen wurde.

Das Nibelungenlied war im Mittelalter weithin bekannt und in zahlreichen Handschriften kopiert. Mit Ende der Ritterzeit erlosch jedoch das Interesse an derartiger Heldendichtung. Erst zur Zeit der Romantik, zu Beginn des 19. Jahrhunderts, erwachte wieder die Liebe zum Mittelalter und zum Volkstum und man begann sich erneut für die alten Heldenepen zu interessieren. So wurde auch das Nibelungenlied neu entdeckt und durchforscht. Der Darmstädter Staatsrat Knapp gelangte dabei zu der Auffassung, dass der infame Meuchelmord an Siegfried nur an dieser Quelle am Nordosthang des Spessartkopfes geschehen sein konnte. Neben Namensübereinstimmungen der Örtlichkeiten war lange bevor die Quelle den Namen „Siegfriedbrunnen" bekam bei den Bewohnern der Umgebung die Legende bekannt, wonach ein mächtiger Ritter an dieser Stelle erschlagen worden sei. Dabei bezog man sich auf ein einsames Sühnekreuz neben der Quelle, so wie man sie üblicherweise zur Erinnerung an eine Mordtat errichtete. 1851 ließ Knapp die Quelle fassen und ein gotisches Gedenkkreuz errichten, auf dessen Sockel die Strophe aus dem Heldenepos eingemeißelt wurde, die mit den Worten beginnt: „Da der herre Sifrit ob dem Brunnen tranch..."

„Als der Herr Siegfried aus dem Brunnen trank
erstach ihn durch das Kreuz,
dass von der Wunde lief das Blut aus dem Herzen,
dies hat Hagen gemacht,
eine solch große Missetat hat ein Held seither nicht
mehr begangen."

Da die Ortsbeschreibungen im Nibelungenlied jedoch sehr vage sind, wird noch von mehreren anderen Quellen der Anspruch erhoben, der authentische Siegfriedbrunnen zu sein. In der näheren Umgebung von Gras-Ellenbach sind dies der Hildegeresbrunnen bei der Wegscheide, der Lindelbrunnen bei Hüttenthal sowie die Quelle am Fuße des Felsenmeeres bei Reichenbach. Gras-Ellenbach hat es jedoch wie keine andere Gemeinde verstanden, ihren Siegfriedbrunnen als den einzig wahren zu vermarkten und ihn durch gezielte Werbung für den

Siegfriedbrunnen

Fremdenverkehr zu nutzen. Allerorts stößt man auf Namen wie Nibelungenhalle, Hotel Siegfriedbrunnen, Burgunderstuben, Gasthof Hagen, K r i e m h i l d e n r u h etc.

Ausgangspunkt unserer Wanderung ist die Straßenkreuzung in der Ortsmitte von Wahlen. Von hier folgen wir dem örtlichen Wanderweg **Wa 3** den „Siegfriedring" aufwärts. Unterhalb vom Sportplatz kommen wir an den Naturpark-Parkplatz „Spessartskopf". Hier verlassen wir die Straße und folgen dem **Rundweg 6** (gelbe Ziffer im gelben Kreis) des Naturparks den Hang aufwärts. Diese Markierung führt uns auf teilweise sehr schönen Waldwegen hinauf zum sagenumwobenen Siegfriedbrunnen. Dort angekommen wechseln wir unser Markierungszeichen und folgen der OWK-Markierung + (rot) und dem **Rundweg 3** des Naturparks. Nach etwa 10 Minuten sehen wir auf der rechten Seite einen alten Grenzstein, der auf den früheren Grenzverlauf zwischen dem mainzischen Amt Starkenburg und der Grafschaft Erbach verweist. Diese Grenze hat auch heute noch als Kreisgrenze zwischen dem Odenwaldkreis und dem Kreis Bergstraße ihre Gültigkeit. An dieser Stelle teilt sich der **Rundweg 3**. Der eine Ast folgt diesem alten Grenzverlauf nach links, der andere, dem wir folgen, führt zusammen mit der OWK-Markierung geradeaus weiter. Doch wenig später trennen sich auch diese beiden Wanderwege, und wir gehen mit dem **Rundweg 3** erneut geradeaus weiter. Unterwegs kommt von links der örtliche Wanderweg **Gü 4** zu unserer Markierung. Bei der Wegkreuzung „Drei Eichen" sehen wir den ersten von mehreren gleichartigen Grenzsteinen, die uns auf unserer Wan-

derung noch be-
gegnen werden.

Es handelt um
Buntsandstein-
findlinge, auf de-
nen in großen Let-
tern die Buchstaben
„E" und „G" einge-
meißelt sind. Diese
Steine verweisen
auf das Jahr 1544,
als innerhalb der
Grafschaft Erbach
eine Grenzlinie ge-
zogen wurde. Die
beiden Brüder Graf
Eberhard II. (E)
und Graf Georg II.
(G) vereinbarten,
die Grafschaft „zu

Olfener Bild

ewigen Zeiten" ungeteilt zu lassen. Eigentum und Ho-
heitsrechte sollten danach beim Gesamthaus der Grafschaft, die Nutzung dagegen bei der jeweiligen Linie des
Hauses verbleiben.

Von der Wegkreuzung „Drei Eichen" folgen wir nun
der Markierung **Gü 4**. Auf der linken Seite sehen wir in
regelmäßigen Abständen mehrere dieser E-G-Steine.
Nach etwa 10 Minuten kommen wir dann zum Olfener
Bild, einem alten Bildstock mit leerer Nische, an dem sich
einst Wallfahrer auf ihrem Weg zum Heilig-Blut-Altar in
Walldürn zum Gebet versammelten. Dieser Bildstock
dürfte Anfang der 16. Jahrhunderts aufgestellt worden
sein. Für dieses hohe Alter sprechen seine Inschrift-
losigkeit sowie die Tatsache, dass es schwer vorstellbar ist,
dass nach Einführung der Reformation in der Grafschaft
Erbach im Jahre 1544, Zeugnisse des alten Glaubens
errichtet wurden. Da aber sowohl die Erbacher Grafen als
auch die Bevölkerung keine religiösen Eiferer waren,
konnten zumindest die Bildstöcke, die außerhalb von Ortschaften versteckt im Walde standen, unbeschädigt die
Jahrhunderte überstehen.

Am Bildstock wenden wir uns nach rechts und folgen
dem **Rundweg 2** des Naturparks hinab zum Naturschutz-

Moorgebiet „Rotes Wasser"

gebiet „Rotes Wasser". Die hier vorkommenden Braun-
algen, die an manchen Stellen rostbraun schimmern, haben diesem Gebiet ihren Namen gegeben.

Das „Rote Wasser" gehört zu den wenigen Moor-
gebieten, die wir im Odenwald kennen. Die offenen Was-
serflächen findet man besonders in der Talsohle. In den
letzten Jahren war man bemüht, durch naturschutz-
fachliche Maßnahmen dieses Moor wieder in seinen ursprünglichen Zustand zurückzuversetzen, um den dort
vorkommenden seltenen Pflanzen wie Sonnentau, Sie-
benstern, Moosbeere und Wollgras ihre erforderlichen Lebensbedingungen zu verschaffen.

Auf einem befestigten Weg überqueren wir das Moor
und gehen seitwärts an ihm hoch. Oberhalb vom Moor
stoßen wir wieder auf die OWK-Markierung **+** (rot). Ab
hier folgen wir dem **Rundweg Af 1** weiter aufwärts bis auf
die Höhe. Hier überqueren wir abermals die alte Territo-
rial- und heutige Kreisgrenze, stoßen dann erneut auf den
Rundweg 6 des Naturparks und folgen ihm bergab nach
Wahlen.

Auf dem Bahndamm

Ausgangspunkt:	*Wahlen*
Wanderstrecke:	*Wahlen – Affolterbach – Hecken-mühle – Hartenrod – Kocherbach – Scharbach – Wahlen*
Länge/Dauer:	*9,4 km/3 Stunden*
Markierungen:	*▼ (blau) – o. Mark. – Ab 3 – Af 5 – o. Mark. – Wa 3*
Einkehrmöglichkeiten:	*Affolterbach, Kocherbach*

Am 7. Juni 1867 stellte der Abgeordnete Huy einen ersten Antrag an die Hessische Landesregierung, zwecks

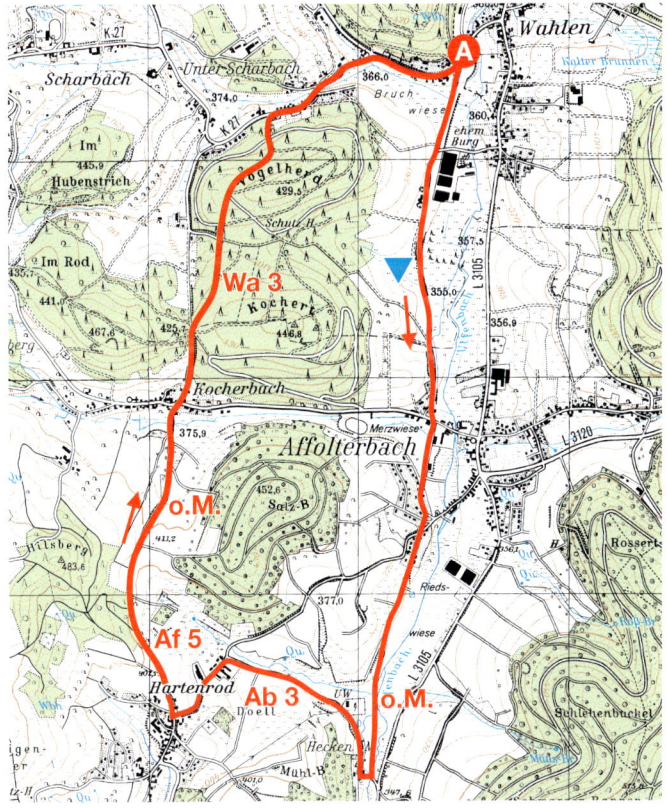

Erbauung einer Nebenbahn von Mörlenbach in den Überwald. Dieser Antrag fand bei den Abgeordneten keine Zustimmung. Nach wiederholter Antragstellung wurde schließlich am 11. Januar 1895 der Bau einer solchen Nebenlinie beschlossen. Rund zwei Jahre später war die Bauplanung abgeschlossen, und die Entwürfe lagen zur Einsicht auf den Bürgermeistereien aus.

Am 4. Januar 1898 erfolgte der erste Spatenstich zum Bau der Bahnlinie Mörlenbach – Wald-Michelbach – Wahlen in der Michelswiese bei Wald-Michelbach und drei Jahre später, am 28. Februar 1901, wurde die Überwaldbahn feierlich ihrer Bestimmung übergeben. Am nachfolgenden Tag wurde der fahrplanmäßige Verkehr aufgenommen.

Der Bau dieser Nebenlinie von Mörlenbach über Wald-Michelbach nach Wahlen war eine technische Meisterleistung. Auf einer Länge von rund 16 Kilometern war ein Höhenunterschied von 219 Metern zu überwinden und es mussten insgesamt 5 Viadukte und 2 Tunnels angelegt werden. Der eindrucksvollste Viadukt bei Vöckelsbach besitzt 6 Gewölbebögen und ist 30 Meter hoch. Der Tunnel zwischen Kreidach und Wald-Michelbach hat eine Länge von 679 Metern.

Diese Bahnstrecke war knapp 100 Jahre in Betrieb und hatte für die Entwicklung im Überwald eine unschätzbare Bedeutung. Am 23. Mai 1983 wurde der Personenverkehr eingestellt. Es fuhren nur noch Güter- und Sonderzüge. 1985 wurden die Bahngleise zwischen Wahlen und Wald-Michelbach entfernt und die Gemeinden Grasellenbach und Wald-Michelbach erwarben das Bahngelände. Am 30. April 1994 kam nach Feststellung erheblicher Mängel am Gleissystem das endgültige Aus für die Überwaldbahn. Der Güterverkehr wurde eingestellt, Weichen, Schranken und Blinkanlagen wurden abgebaut und die gesamte Überwald-Bahnstrecke unter Denkmalschutz gestellt. 1997 wurde der Streckenabschnitt Wahlen – Affolterbach und 1999 das Teilstück Affolterbach – Aschbach als Rad- und Wanderweg hergerichtet.

Wir beginnen unsere Wanderung auf dem ehemaligen Bahnhofsgelände in Wahlen, das heute in einen kleinen Park umgestaltet ist. Schon nach wenigen Minuten kommen wir an der Firma „Coronet" vorbei. Dort, wo sich heute die Fabrikhallen befinden, stand im frühen Mittelalter die Wasserburg Waldau. Die erste urkundliche Erwähnung bezieht sich auf den Ritter Berthold von Waldau. Ob es damals, 1255, außer der Burg auch ein Dorf „Waldau" gab, ist unbekannt. Jüngere Urkunden aus den Jahren 1359 und 1423 erwähnen nur den Namen „Waldau" oder den Burgbesitz.

1890 und 1893 wurden im Auftrag des Historischen Vereins für Hessen Ausgrabungen durchgeführt. Es konnten ein äußerer und ein innerer Wallgraben, eine Ringmauer, eine Brücke und Fundamente einer Kapelle nachgewiesen werden. Da aber keine anderen Fundamente gefunden wurden, vermutet man, dass die übrigen Gebäude Fachwerkbauten waren, die sich an die Ringmauer anlehnten.

Die Erbauer der Burg und ihre ersten Besitzer sind unbekannt. Auch über das Geschlecht der Herren von Waldau ist man sich im Unklaren. Baustilelemente (der kreisrunde Grundriss, glatte Quader) verweisen jedoch auf die Herrscherzeit der Salier in das späte 11. oder in das beginnende 12. Jahrhundert. Damit gehört die Wasserburg Waldau zu den ältesten Burganlagen im Odenwald. Was die Herren von Waldau anbetrifft, so vermutet man, dass sie Lorscher Burgmannen gewesen sein könnten. Die einzige Urkunde aus dem Jahre 1255, die dieses Geschlecht namentlich erwähnt, stammt aus dem Kloster Lorsch. Sie fordert von Berthold von Waldau, Burgmann

Blick auf Hartenrod

Blick auf Kocherbach

zu Starkenburg, mit Gütern in Heppenheim und Bensheim, dass er 10 Morgen Ackerland von seinem Heppenheimer Besitz dem Kloster Lorsch abtreten und von seinen Bensheimer Gütern jährlich 5 Malter Korn abliefern muss.

Ebenso wie für die Entstehung gibt es auch für den Untergang der Burg Waldau keine gesicherten Unterlagen. Er wird jedoch in Zusammenhang gebracht mit den kriegerischen Auseinandersetzungen zwischen den Schenken von Erbach und dem Pfalzgrafen Ruprecht Ende des 14. Jahrhunderts, in deren Verlauf auch die Burg Schnellerts wahrscheinlich zerstört wurde. Die 16, bei den Ausgrabungen im Burggraben gefundenen Sandsteinkugeln von 12 bis 16 cm Durchmesser, so wie sie in einem mit Pulver geladenem Geschütz verwendet wurden, deuten jedenfalls auf eine gewaltsame Zerstörung der Burg am Ende des 14. Jahrhunderts hin. Die Anlage muss dann völlig zerstört und niedergebrannt worden sein, da außer den Fundamenten keine weiteren Funde gemacht wurden. Heute erinnert nur noch der Name eines Hotel-Restaurants an die ehemalige Wasserburg.

Der Bahndamm, auf dem wir nun in Richtung Affolterbach laufen, wurde aufgrund der häufigen Überschwemmungen des Ulfenbaches erhöht und bietet daher einen schönen Blick auf das Tal.

Auch in Affolterbach ist das ehemalige Bahnhofsgelände völlig umgestaltet. Das bekannte Rennsportunternehmen „Jöst Racing G.m.b.H., mehrmaliger Gewinner des 24-Stunden-Rennens von Le Mans und Weltmeister bei den Tourenwagen, hat hier seine Wartungshallen. Im Vorbeigehen kann man gelegentlich einen Blick auf die hinter geschlossenen Rollos stehenden Boliden werfen.

Wir durchqueren Affolterbach und laufen auf dem Bahndamm bis zur Heckenmühle. Dieses malerisch gelegene Anwesen gehört zu Hartenrod. Vermutlich diente sie dem Wald-Michelbacher Arzt und Heimatdichter Dr. Adam Karrillon als Vorlage für seinen Roman „Die Mühle zu Husterloh" (1920). Die Heckenmühle gehört zu den jüngeren Mühlen im Ulfenbachtal. Sie dürfte nach 1700 an Stelle eines früheren Eisenhammers und einer Schmelze errichtet sein. Der Name „Heckenmühle" wurde erstmals 1735 dokumentiert.

Hier verlassen wir nun den Bahndamm, biegen rechts ab und folgen der örtlichen Markierung **Ab 3** nach Hartenrod.

Dieser Ort war im ausgehenden Mittelalter Sitz des sogenannten „Hartenroder Gerichts". Zu seiner Gerichtsbarkeit zählten die umliegenden kurmainzischen Dörfer Gadern, Kocherbach, Litzelbach, Aschbach, Dürr-Ellenbach sowie die neun Höfe von Wald-Michelbach. Noch heute erkennt man an alten Grenzsteinen den verworrenen Grenzverlauf zwischen den Territorien von Kurmainz und der Kurpfalz.

Im Ort biegen wir mit dem Rundweg **Af 5** rechts ab in Richtung Kocherbach. Auf halber Strecke zwischen Hartenrod und Kocherbach biegt die Markierung rechts ab.Wir bleiben jedoch auf der asphaltierten Straße und gehen **ohne Markierung** geradeaus nach Kocherbach. Im Ort überqueren wir die Dorfstraße und gehen den schräg gegenüberliegenden Weg hinauf zum Wald. Im Bergsattel sehen wir auf der linken Seite einen alten Grenzstein mit dem Pfälzer Rautenwappen und dem Mainzer Rad. An dieser Sieben-Wege-Kreuzung treffen wir auf den örtlichen Rundweg **Wa 3**, dem wir zusammen mit **G 2** und **Af 4** folgen. Dieser Rundweg führt uns über Unter-Scharbach zurück nach Wahlen.

Oben die Toten, unten die Lebendigen

Ausgangspunkt:	*Naturpark-Parkplatz „Kirch-Weg", Scharbach*
Wanderstrecke:	*NP Kirch-Weg – Schardhof – Brandschneiderkreuz – Hammelbach – Litzelbach – Scharbach*
Länge/Dauer:	*9,6 km/3 Stunden*
Markierungen:	*S 1 – Wa 2 – G 2 – ⊥ (gelb) – H 8 – S 1*
Einkehrmöglichkeiten:	*Schardhof, Hammelbach, Scharbach*

9

Ausgangspunkt unserer Wanderung ist der Naturpark-Parkplatz „Kirch-Weg" am Ortsausgang von Ober-Scharbach in Richtung Tromm.

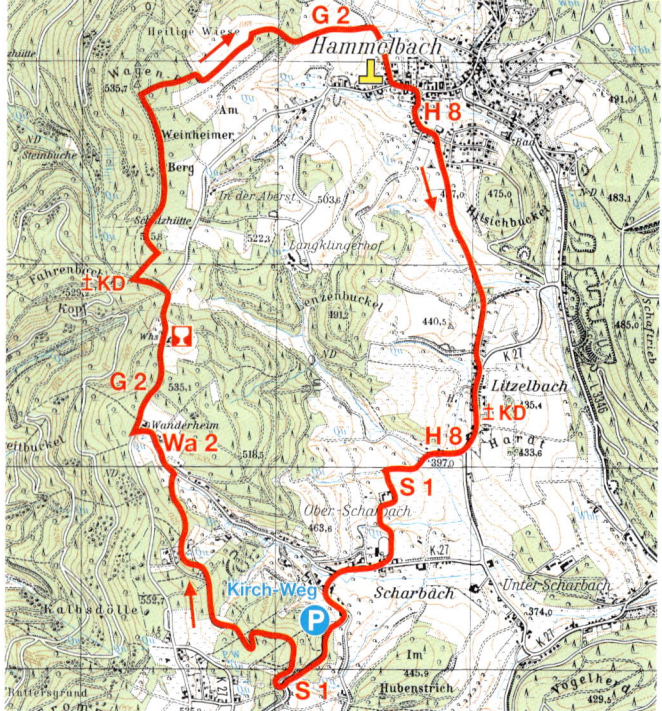

Mooswiese von Ober-Scharbach

Zunächst laufen wir ein kleines Stück die Fahrstraße aufwärts und biegen dann mit dem örtlichen Rundweg **S 1** nach rechts in einen Waldweg ein. Dieser Waldweg führt uns hinauf zum Skihang auf der Tromm. Von hier oben hat man einen schönen Blick hinab ins Ulfenbachtal und auf die umliegenden Höhenzüge.

Nach Überqueren der Skipiste laufen wir durch ein kleines Waldstück und blicken dann auf ein idyllisch am Berghang gelegenes Gehöft.

Wenig später erreichen wir die Mooswiese von Ober-Scharbach. Hier wechseln wir unser Markierungszeichen und laufen mit dem Rundweg **Wa 2** hinauf auf den Höhenweg. Beim Wanderheim der Naturfreunde Weinheim biegen wir rechts ab und folgen nun der Markierung **G 2**. Nach etwa 5 Minuten erreichen wir den Gasthof „Schardhof", einem beliebten Wanderziel.

Wenig später sehen wir nahe einer Wegkreuzung auf der linken Seite ein gusseisernes Kreuz, das Brandschneiderkreuz. Der Sockel des eigentlichen Kreuzes ist noch mitten auf dem Weg erkennbar. Vermutlich hatte man dieses Kreuz entfernt, weil es den Verkehr behinderte. Die Jahreszahl 1500 auf dem Kreuz verweist auf das ausgehende Mittelalter. Der Sage nach sollen sich früher in der Walburgisnacht am Fahrenbacher Kopf Hexen zum Tanz getroffen haben. Keinem Menschen war es gestattet sie dabei zu beobachten. Ein prahlerischer Schneider aber ließ sich von dem Verbot nicht abschrecken und erbot sich, den Hexentanz am Kreuzweg zu beobachten, um dann das Gesehene zu berichten. Er nahm eine Egge, die nach altem Volksglauben Schutz gegen böse Geister bot, legte sich darunter, in Erwartung auf den Hexentanz. Als dann die Hexen erschienen und den Schneider erblickten, ritten sie auf ihren Besen so heftig über die Egge, dass der arme Schneider eines jämmerlichen Todes starb.

Am Brandschneiderkreuz biegen wir rechts ab und laufen auf einem schönen Waldweg zum Wagenberg und von dort nach Hammelbach. Von der Höhe oberhalb des Ortes hat man einen herrlichen Blick auf Lindenfels. Kurz vor Hammelbach stoßen wir auf die OWK-Markierung ⊥ (gelb), der wir nach rechts in den Ort hinein folgen. Als besondere Sehenswürdigkeit besitzt Hammelbach eine gotische Kapellenruine aus dem 14. Jahrhundert. Sie befindet sich schräg gegenüber der kleinen evangelischen Kirche am Friedhofseingang. Unter dem Friedhof sind die Reste des früheren Zentgefängnisses erhalten. Das Hammelbacher Zentgericht entschied über die niederen Gerichtsfälle. Die lange Zeit zugemauerten Gewölbe des Gefängnisses wurden im 19. Jahrhundert freigelegt. Damals fand man Halseisen, Handschellen sowie ein Schild mit der Aufschrift: „Oben die Toten, unten die Lebendigen".

Dies war als Anspielung auf den Friedhof über dem Gefängnis gemeint. Von dem einstmals bedeutenden Gotteshaus, dessen Kirchspiel das gesamte obere Ulfenbachtal umfasste, ist nur noch der halbrunde Chor mit herrlichen Spitzbogenfenstern erhalten. Ausgrabungen haben nachweisen können, dass die erhaltene Chorpartie später an ein wesentlich älteres Kirchenschiff angebaut war. Der Bau der Chorpartie dürfte zeitlich mit dem der Lichtenklinger Kapelle zusammenfallen, also etwa um 1400 unter Pfalzgraf Ruprecht I. Als 1556 die Reformation in der Kurpfalz eingeführt wurde, benutzten anfangs beide Konfessionen das Gotteshaus. Nachdem 1685 die Religionsfreiheit verkündet worden war, bekamen die Katholiken die Hammelbacher Kapelle als Gotteshaus zugesprochen. Hier war vorübergehend auch ihr Pfarrsitz. So ergab sich das Kuriosum, dass reformierte Hammelbacher nach Wald-Michelbach in die Kirche gingen und Wald-Michelbacher Katholiken nach Hammelbach kamen. Die Zahl der Katholiken war jedoch gering. Die Hammelbacher zählten nur drei Familien. Zudem wurde in Wald-Michelbach eine neue Kirche gebaut und die Wald-Michelbacher blieben zum Gottesdienst fortan in ihrem Heimatort. Daher waren die Katholiken nicht in der Lage, das baufällig gewordene Gotteshaus zu renovieren. Die Reformierten hatten unterhalb der Kapelle eine eigene Kirche gebaut, waren somit nicht mehr an dem alten Gotteshaus interessiert und überließen es dem Verfall. Heute ist die Kapellenruine restauriert und bildet einen würdigen Rahmen für eine Kriegsopfergedenkstätte.

Im Hof hinter der Kapelle steht ein vom OWK Hammelbach kunstvoll renoviertes Backhaus. Beeindruckend sind die Kratzputzarbeiten an der Außenwand sowie die schmuckvoll gearbeitete Eingangstür. Die ehemalige Backstube dient der Ortsgruppe als Versammlungsraum für Vereinstreffen, und bei Vereinsfesten wird im alten Backofen wie in früheren Zeiten wieder Brot und Kuchen gebacken.

Bei der evangelischen Kirche biegen wir rechts ab und folgen dem Hammelbacher Rundweg **H 8**. Der Weg führt am Campingplatz vorbei, anschließend durch Wiesen und Felder und bietet eine schöne Aussicht. Nach etwa einer Viertelstunde erreichen wir den kleinsten Ortsteil von Grasellenbach, Litzelbach. Dieser Ort wurde erstmals 1320 als Lützelbach erwähnt, was soviel bedeutet wie „kleiner Bach". Etwa in der Ortsmitte kommen wir an

OWK-Backhaus in Hammelbach

Bildstock in Litzelbach

einen der schönsten Bildstöcke im Überwald. Dargestellt
ist das Walldürner Blutbild.

1330 soll ein junger Priester in der Walldürner St.-
Georgs-Kirche versehentlich den Kelch mit dem bereits
konsekrierten Wein (die Verwandlung von Brot und Wein

in den Leib und das Blut Christi) umgestoßen haben. Dieser ergoss sich auf das Kelchtuch, auf dem sich daraufhin das Christusbild, umgeben von elf dornengekrönten Häuptern bildete. 1445 wurde dieses Geschehen vom Papst als Wunder anerkannt. Im 18. und 19. Jahrhundert gehörte Walldürn aufgrund dieses Kelchtuches zu den bedeutendsten Wallfahrtsstätten in Deutschland. Auch viele Gläubige aus dem Überwald beteiligten sich immer wieder an dieser Wallfahrt.

Der aus einem Block gehauene Litzelbacher Bildstock erhebt sich mit einem fein gearbeiteten Schaft auf einem gebogenen Sockel. Unter dem Tafelbild sehen wir als Sinnbild der Fruchtbarkeit eine große Traube. Im Zentrum des Tafelbildes ist das Kelchtüchlein mit dem umgestoßenen Kelch abgebildet, aus dem der Gekreuzigte mit den elf dornengekrönten Häuptern Christi erwächst. Darüber wacht in einem Dreieck, als Symbol für die Dreifaltigkeit, das Auge Gottes. Umrahmt wird das Tafelbild von Blattgehängen und einer geschwungenen Umrandung, die nach unten in zwei Voluten ausläuft. Ein krönendes Kreuz, mit dem Herzen in der Mitte, ist dem Bildstock aufgesetzt.

Die klare Linienführung und das feine Formgefühl lassen die Hand eines großen Künstlers erkennen. Dieser, 1722 aufgestellte Bildstock, sollte sicherlich den Gedanken der Wallfahrt wachhalten und vertiefen und die Wallfahrer auf ihrem Weg nach Walldürn hier zum Gebet versammeln.

Am Ortsausgang verlassen wir die Dorfstraße und biegen nach rechts in ein kleines Seitental ein. Hier stoßen wir auch wieder auf unser erstes Markierungszeichen **S 1**, dem wir nun nach links zurück nach Ober-Scharbach folgen.

Von Geistern, Hexen und wilden Leuten

Ausgangspunkt:	*Kocherbach*
Wanderstrecke:	*Kocherbach – Tromm – Lindenstein – Hinteres Wiesental – Unter-Scharbach – Vogelherd – Kocherbach*
Länge/Dauer:	*10,3 km/3½ Stunden*
Markierungen:	*o.Mark. – ③ – ▲ (weiß) – G 2 – Wa 2 – Wa 3 – o.Mark.*
Einkehrmöglichkeit:	*Tromm*

Kocherbach wurde erstmals 1320 als „Kochelbach" urkundlich erwähnt. Der Name leitet sich von dem mittelhochdeutschen Wort „choch" ab, was soviel bedeutet wie munterer, schnell fließender Bach. Dieser Name trifft auch voll und ganz auf dieses am Fuße der Tromm gelegene Dörfchen zu. Während früher fast alle Einwohner von kleinen und mittleren landwirtschaftlichen Betrieben lebten, sind es heute nur noch zwei Familien.

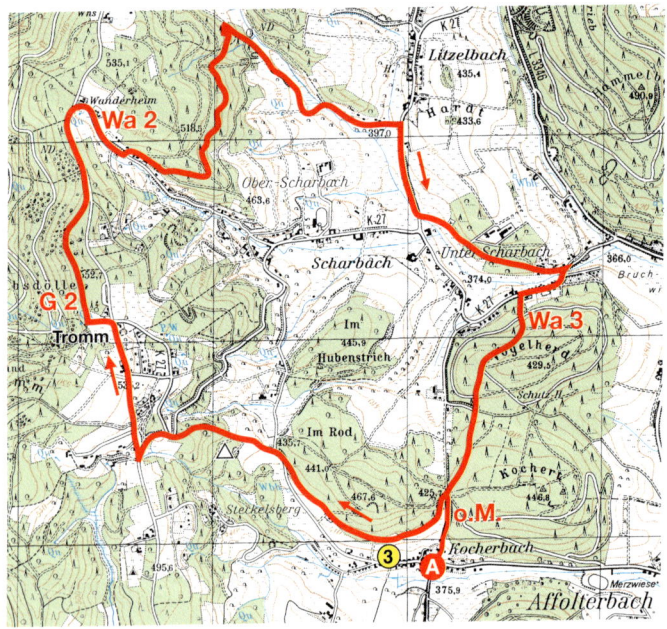

Wahrzeichen des Dorfes ist die in den Jahren 1964 bis 1967 erbaute katholische Dreifaltigkeitskirche. Sie liegt am Rande des Dorfes an einem Hang und fällt dem Betrachter dadurch besonders ins Auge. Auffällig ist der unkonventionelle Grundriss, beginnend mit einem sechseckigen, hohen und nach oben spitz zulaufenden Turm, einem unregelmäßig fünfeckigen Gemeinderaum, dem ein Chor angegliedert ist, dessen Außenwand nach außen abbiegt, sodass die drei dort eingelassenen hohen und schmalen Fenster, die vom Gemeinderaum nicht sichtbar sind, den Chor in helles Licht tauchen.

Besonders beeindruckend ist der Blick auf Kocherbach vom Steckelsberg aus, wenn man talwärts schaut und den Ort mit seiner Kirche und Affolterbach im Hintergrund eingebettet zwischen bewaldeten Höhenzügen liegen sieht.

In den sechziger Jahren beteiligte sich Kocherbach an dem Wettbewerb „Unser Dorf soll schöner werden" und errang den zweiten Landessieg. Dieses Ereignis zeigt bis heute noch in seinem freundlichen Dorfbild und den liebevoll restaurierten und herausgeputzten Häusern seine positiven Auswirkungen.

Wir beginnen unsere Wanderung etwa in der Dorfmitte, gegenüber der Abzweigung nach Hartenrod, und laufen **ohne Markierung** die kleine Seitenstraße zum Kochert aufwärts. Nach den letzten Häusern wird die Straße zum Hohlweg und mündet in eine Sieben-Wege-Kreuzung. Gleich auf der linken Seite der Kreuzung befindet sich ein alter Grenzstein, der uns darauf aufmerksam macht, dass in früheren Zeiten hier Pfälzer und Mainzer Territorium aneinander grenzten. Hier biegen wir im spitzen Winkel nach links ab und folgen der örtlichen Markierung **Af 4** und dem **Rundweg 3** (gelbe Ziffer im gelben Kreis) des Naturparks auf einem schmalen Waldpfad immer in der Nähe des Waldrandes oberhalb des Dorfes entlang. Von diesem Weg hat man schöne Ausblicke auf Kocherbach und die Umgebung. Wir kommen dann am Kocherbacher Friedhof vorbei und erreichen wenig später die kleine Straße, die von Kocherbach hinauf zur Tromm führt. Hier stoßen wir auf die OWK-Markierung **weißes Dreieck**, der wir nun auf dieser kaum befahrenen Straße hinauf zur Tromm folgen.

10

Die Tromm, ein langgezogener Höhenrücken, der in nordsüdlicher Richtung verläuft und den Überwald vom Weschnitztal scharf abgrenzt, ist der stehengebliebene Granitsockel eines kristallinen Urgebirges. Durch Verwitterung und Abtragung der Oberschicht haben sich imposante Felsgruppen gebildet, die von jeher die Fantasie der Bewohner angeregt haben. So entstanden zahlreiche Geschichten von Geistern und Riesen, wilden Leuten und Hexen. Wandert man an einem regnerischen, nebelverhangenen Novembertag an diesen Felsgruppen vorbei und hört den Wind, der zwischen den Bäumen und Felsspalten hindurchpfeift, so kann man diese gespenstischen Geschichten von wilden und zottigen Lebewesen nachempfinden. Eine dieser Felsgruppen, die etwas unterhalb von unserem Wanderweg liegt, heißt im Volksmund daher auch in Anlehnung an verwilderte und hässliche Gestalten, die man zwischen den Felsen zu sehen geglaubt hatte und die hier wohnen sollten, „Wild-Leut-Steine".

10

Unser Markierungszeichen „weißes Dreieck" führt uns auf der Tromm zum Gasthof „Zur schönen Aussicht". Dieser traditionsreiche Gasthof befindet sich schon seit mehreren Generationen im Besitz der Familie Keil. „Beim Keil auf der Tromm", ist ein beliebter Treffpunkt für Wanderer aus nah und fern. Unvergessen sind die fast täglichen Wanderungen des Wald-Michelbacher Oberamtsrichters Rudi Wünzer (1862–1929) hinauf auf die Tromm, rund 2500 Mal, die ihm den Beinamen „Tromm-Vater" einbrachten und bei denen er regelmäßig im Gasthof „Zur schönen Aussicht" einkehrte.

Beim Gasthof biegen wir dann mit dem Rundweg **G 2** nach links ab und wenden uns am Waldrand gleich wieder nach rechts. Der Weg führt uns an einen herrlichen Aussichtspunkt, den „Rimbach-Blick". Von einem steil abfallenden Felsvorsprung eröffnet sich uns ein grandioser Blick ins Weschnitztal und auf Rimbach. Wenig später mündet unser Wanderweg wieder in die Fahrstraße. Hier stoßen wir auch auf unser neues Markierungszeichen **Wa 2**, dem wir fortan folgen. Als Erstes sehen wir auf der linken Seite eine imposante Felsgruppe, den Lindenstein. Auch um diese Felsengruppe ranken sich Sagen und Geschichten von Geistern und wilden Leuten. Danach öffnet sich der Wald und gibt den Blick frei auf die Mooswiese von Ober-Scharbach und auf das Wanderheim der Natur-

Lindenstein

freunde aus Weinheim. Hier verlassen wir den Höhenweg und folgen der Markierung **Wa 2** bergab. Wir biegen jedoch bald wieder nach links in den Wald und laufen auf einem leicht abfallenden Weg ins „Hintere Wiesental".

Der auf seiner Ostflanke stark gegliederte Trommrücken wird von mehreren stillen, kaum begangenen Tälern durchzogen, die von einem ganz anderen Landschaftscharakter geprägt sind. Abgeschirmt durch Kuppen und Krümmungen, strahlen diese Tälchen Ruhe und Geborgenheit aus, die sich auf den Wanderer übertragen.

In Litzelbach erreichen wir die Fahrstraße, auf der wir ein Stück in Richtung Scharbach abwärts laufen. Kurz vor dem Ort biegen wir links ab und folgen dem Rundweg **Wa 2** am Friedhof vorbei durch den Wald nach Unter-Scharbach. Erneut an der Kreisstraße wenden wir uns nach rechts und gehen mit dem Rundweg **Wa 3** ein Stück die Dorfstraße aufwärts, bevor wir nach links zum Vogelherd abbiegen. Auf einem schönen und abwechslungsreichen Waldweg kommen wir dann wieder an die schon bekannte Sieben-Wege-Kreuzung, von der wir den Hohlweg abwärts nach Kocherbach laufen.

Wanderung in die Heimat des Raubacher Jockels

Ausgangspunkt:	*Affolterbach*
Wanderstrecke:	*Affolterbach – Raubach – Hinterbachtal – Olfen – Verbotsstein – Affolterbach*
Länge/Dauer:	*16,9 km/5 Stunden*
Markierungen:	*▲ (weiß) – Af 2 – + (rot) – ● (gelb) – Ⓥ – ③ – O 1 – Af 2*
Einkehrmöglichkeiten:	*Raubach, Olfen*

Die erste urkundliche Erwähnung von Affolterbach findet sich 1353 als „Affolderbach". Seinen Namen verdankt

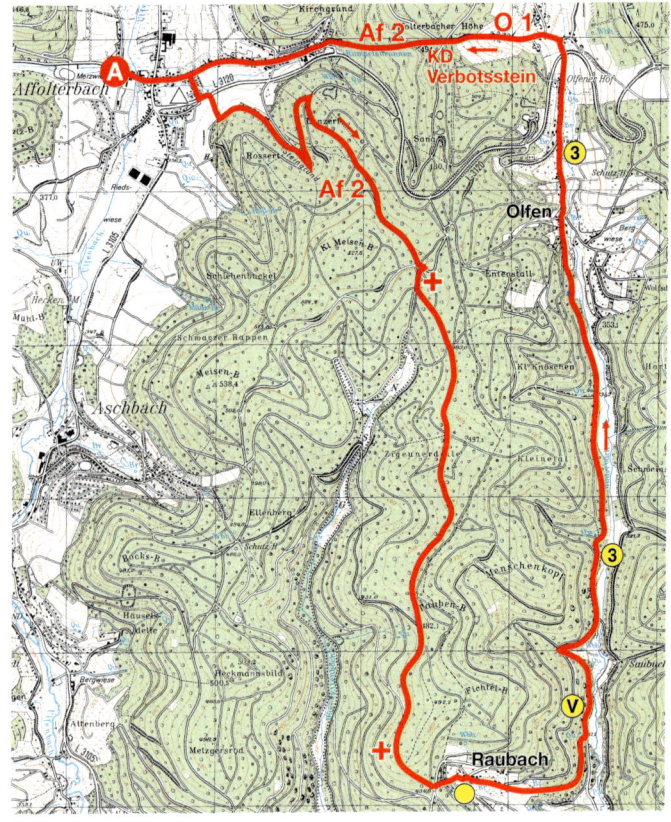

der Ort dem Apfelbach, der vom Oberdorf herabfließt. Aufgrund seines Wasserreichtums war Affolterbach weithin als das Dorf der Laufbrunnen bekannt. In den Nachkriegsjahren verschwanden nach und nach infolge einer falsch verstandenen Modernisierung diese Dorfbrunnen. Dank eines neu erwachten Traditionsbewußtseins kann man heute wieder mehrere solcher alter Brunnenstöcke bewundern.

Wahrzeichen von Affolterbach ist die in den Jahren 1906/07 erbaute Gustav-Adolf-Kirche. Sie wurde an Stelle einer gotischen Kapellen-Ruine aus dem 14. Jahrhundert errichtet. Diese Kapelle wurde erstmals 1386 erwähnt und zeigt Ähnlichkeiten mit denen in Lichtenklingen und Hammelbach.

Affolterbach ist auch die Keimzelle aller Odenwälder Sattler-Linien. Stolz ist man besonders auf den weltweit gefeierten Heldentenor und Wagnerinterpret, Kammersänger Joachim Sattler (1899–1984), den lediglich der ausbrechende 2. Weltkrieg an einer weltweiten Karriere hinderte. Dennoch sang er an fast allen großen Bühnen Europas unter den größten Dirigenten.

Ausgangspunkt unserer Wanderung ist der Parkplatz am Dorfgemeinschaftshaus in der Ortsmitte von Affolterbach. Zunächst folgen wir der OWK-Markierung **weißes Dreieck** die Beerfeldener Straße aufwärts. Bei der Holzschnitzerei Ader verlassen wir die OWK-Markierung und folgen dem örtlichen Rundweg **Af 2** den Steingrund aufwärts. Der Weg führt hinauf zum kleinen Meisenberg und trifft auf der Höhe auf die OWK-Markierung rotes Kreuz. Dieser bekannte Weitwanderweg, der „Franken-Hessen-Kurpfalz-Weg", der zu den beliebtesten Wanderstrecken im Odenwald zählt, beginnt in Aschaffenburg am Main, verläuft in Nord-Süd-Richtung längs durch den Odenwald, überquert bei Speyer den Rhein und endet auf der Burg Lichtenberg in der Nord-West-Pfalz. Wir folgen dieser traditionsreichen Wanderstrecke zur Zigeunerdelle und über den Taubenberg bis zur „Falters Ruhe" oberhalb von Raubach. Von dort laufen wir mit der OWK-Linie **gelber Punkt** hinab nach Raubach.

Raubach wurde 1750 als Waldarbeitersiedlung errichtet. Lange Jahre blieb Raubach ein kleines, abgeschiedenes Dorf, das nur über Waldwege erreicht werden konnte. Die Einwohner bestellten mühsam ihre kargen, steinigen

Blick auf Raubach

Felder und verdienten sich ihr Geld als Waldarbeiter im gräflichen Forst. Sonntags ging man zu Fuß nach Beerfelden zum Gottesdienst und traf sich anschließend in der Wirtschaft, um Neuigkeiten zu erfahren. In diesem Dorf wurde am 5. Mai 1866 der „Raubacher Jockel", mit bürgerlichem Namen Jakob Ihrig, geboren. Ohne jemals eine Lehre gemacht zu haben, verdiente sich der Jockel, der Not gehorchend, seinen Unterhalt als Köhler, Waldarbeiter, Gemeindediener, Totengräber, Uhrmacher, Beschneider von Schweinen und Feldschütz. Seine ganze Liebe aber galt der Musik.

Ohne Kenntnis von Noten spielte er die unterschiedlichsten Instrumente. Im Sommer zog er von Fest zu Fest, um zum Tanz aufzuspielen und blieb nach der Kirchweih oft noch so lange in der Wirtschaft sitzen, bis er seinen letzten Groschen wieder vertrunken hatte. Sein schlitzohriger Humor hat ihn weit über die Grenzen des Odenwaldes bekannt und berühmt gemacht und bringt auch heute noch die Leute zum Schmunzeln und Lachen.

Am bekanntesten ist wohl seine Begegnung mit dem Grafen von Erbach-Fürstenau, der ihn nach dem Weg nach Raubach fragte worauf der Jockel antwortete: „Wenn du in die Raubach wilscht, doann muscht du erscht de Buckel nuff, dann de Buckel nunner un wirrer nuff, doann kimmschte in die Raubach."

Der Graf, erbost über diese vertrauliche Anrede eines schmutzigen Köhlers, antwortete ungnädig: „Ich bin der Graf von Erbach-Fürstenau!"

Der Jockel ließ sich jedoch nicht einschüchtern und erwiderte respektlos: „Un wann du aach de Graf vun Erboach bischt, sou muschte doch de Buckel nuff, doann nunner un wirrer nuff, sunscht kimmschte deu Lebdach net in die Raubach."

In Raubach laufen wir die Dorfstraße abwärts. Am Parkplatz, auf der rechten Seite, steht ein Gedenkstein, der zu Ehren des Raubacher Jockels am 7. Mai 1994 enthüllt wurde.

Fast am Ortsende biegen wir mit dem Markierungszeichen **V** (gelbes V im gelben Kreis) nach links ab. Dieser Weg führt uns hinab ins Hinterbachtal. Dort treffen wir auf den **Rundweg 3** des Naturparks, dem wir das reizvolle Hinterbachtal aufwärts nach Olfen folgen. Auch dieses, als Naturschutzgebiet ausgewiesene Tal, beeindruckt den Wanderer ähnlich wie das Dürr-Ellenbacher Tal durch seine Ruhe und Abgeschiedenheit.

Olfen ist noch heute als typisches Waldhubendorf zu erkennen. 1398 wurde der Ort erstmals in den Pfälzer Lehensbriefen als „Ulfen" erwähnt. Ursprünglich waren in Olfen überwiegend Hirten ansässig. Später entwickelte sich eine Taglöhnerschicht, die ihren Tageslohn bei den Bauern in der Umgebung, beim Rindenschälen im Wald, als Waldarbeiter und im Steinbruch verdienten. Verbreitet war in Olfen auch die Leinenweberei. Im Ort stoßen wir wieder auf das **weiße Dreieck** und gehen mit ihm die Dorfstraße aufwärts. Ab dem Dorfgemeinschaftshaus folgen wir dann der örtlichen Markierung **O 1** die „Alte Straße" entlang. Das Haus N° 17 in dieser Straße heißt im Volksmund „Streithof". Dieser, mitten in Olfen gelegene Hof, gehörte früher zu Affolterbach, also zum pfälzischen Territorium und nicht zur

Verbotsstein

Grafschaft Erbach. Dies gab zu allerlei Streitigkeiten Anlass. Die Grafschaft Erbach z.B. war evangelisch-lutherisch; die Pfalz, zu der Affolterbach gehörte, evangelisch-reformiert. Wurde ein Kind auf dem Streithof geboren, so kam der für Olfen zuständige Pfarrer aus Güttersbach und taufte das Neugeborene nach lutherischem Ritus. Erfuhr der Pfarrer von Wald-Michelbach von dieser Geburt, kam er nach Olfen und taufte das Kind nach reformiertem Ritus. Einmal machte der Pfarrer aus Wald-Michelbach kurzen Prozess, nahm das zu taufende Kind einfach mit und gab es erst dann den Eltern wieder zurück, nachdem der Güttersbacher Pfarrer keinen Taufanspruch mehr erhob.

Wir folgen dann der Markierung über die Fahrstraße Affolterbach – Beerfelden hinweg und gehen den asphaltierten Weg nach links bergauf auf die Affolterbacher Höhe. Hier steht auf der rechten Seite ein einzigartiges Flurdenkmal. Es ist die Kopie des Verbotssteines, der in früheren Zeiten als „Verkehrsschild" diente.

11 Dieser Stein steht an der Grenze der Grafschaft Erbach zum Kurpfälzer Territorium. Die Inschrift auf dem Stein lautet: „L. R. B. Z (Landratsbezirk Erbach) WER UEBER/ DIE WANDSTEIN/FÄHRT UND OH/NE RATHSCHUH/ REHMT KÖST/1 GULDEN/30 K STRAF/1831"

Dieser Stein ist 1831 vom Landratsbezirk Erbach aufgestellt worden, um die steile Straße hinab nach Olfen vor Beschädigungen zu bewahren. Das Rehmen oder Bremsen mit dem Radschuh, der den Wagenrädern unterlegt wurde, war die beste Methode, um die Geschwindigkeit bei der Talfahrt zu mindern und gleichzeitig die Straße zu schonen. Die schmalen Eisenreifen der Wagenräder hinterließen nämlich beim Blockieren der Räder durch einen Holzknüppel zwischen den Radspeichen im Gegensatz zum breiten Radschuh tiefe Spurrillen. Die „Wandstein" sind keine Straßenbegrenzungen, sondern Grenzsteine, auch Wendesteine genannt. Damit wird der Sinn der Steininschrift verständlich: Wer über die Grenze fährt und ohne Radschuh bremst, muss eine Strafe von einem Gulden und 30 Kreuzer zahlen.

Von der Kreuzung gehen wir dann, der örtlichen Markierung **Af 1** und **Af 2** folgend, diesen alten Fahrweg abwärts nach Affolterbach, der auf Pfälzer Seite teilweise zum Hohlweg ausgefahren ist, da man hier die Vorschriften nicht so genau nahm wie auf der Erbacher Seite.

Das verschwundene Dorf

Ausgangspunkt:	*Naturpark-Parkplatz „Lochbrunnen"*
Wanderstrecke:	*Aschbach – Forsthaus Dürr-Ellen-bach – Waldlehrpfad – Bocksberg – Aschbach*
Länge/Dauer:	*13,9 km/4 Stunden*
Markierungen:	*Ab 5 – ● (gelb) – Ab 4*
Einkehrmöglichkeit:	*Aschbach*

Aschbach wurde 1369 erstmals als „Aspach" urkundlich erwähnt. Vermutlich aber wurde schon im 11. Jahrhundert auf der heutigen Gemarkung gesiedelt. Im Mittelalter gehörte der Ort zum Kirchspiel Wald-Michelbach.

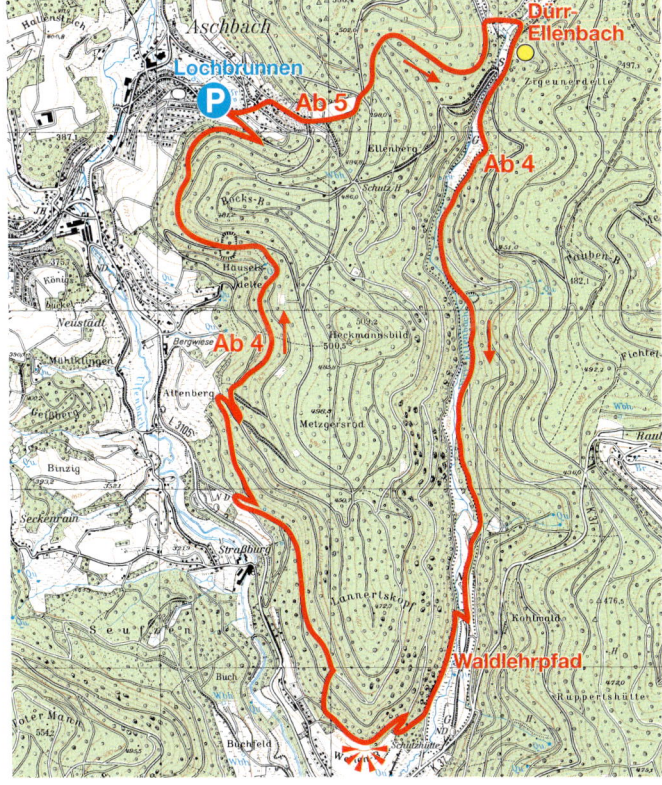

Eine Änderung erfolgte in der Reformationszeit. Die Bevölkerung blieb katholisch und wurde 1653 dem Kirchspiel Ober-Abtsteinach zugeordnet. Erst rund 200 Jahre später, 1843, lange nachdem auch in Wald-Michelbach wieder eine katholische Gemeinde bestand, wurde Aschbach erneut umgepfarrt. 1933 begann man mit dem Bau eines eigenen Gotteshauses und schon zwei Jahre später, 1935, konnte die Bergkirche „Maria Hilf" feierlich geweiht werden.

Alte Scheune in Dürr-Ellenbach

Bis Anfang des 20. Jahrhunderts gab es zwei völlig voneinander getrennte Dörfer: Ober- und Unter-Aschbach, beide mit nur wenigen Häusern. Die sie verbindende Hammerstraße, benannt nach der Industrieanlage der Firma Koch, war noch völlig unbebaut. Während das Dorfbild von Unter-Aschbach durch die Fabrikanlage geprägt war, wurde das Landschaftsbild von Ober-Aschbach durch Wald- und Landwirtschaft bestimmt. Heute sind beide Ortsteile zusammengewachsen und niemand unterscheidet mehr zwischen Unter- und Ober-Aschbach.

Wir beginnen unsere Wanderung auf dem Naturpark-Parkplatz „Lochbrunnen" in der Hammerstraße. Von dort folgen wir der Markierung **Ab 5** über den Parkplatz und durch eine kleine Parkanlage hinauf zur Bergkirche. Von hier hat man einen schönen Blick auf Wald-Michelbach und das obere Ulfenbachtal. Wir gehen dann durch den alten Ortskern von Ober-Aschbach weiter steil bergauf. Am Waldrand oberhalb von Aschbach kommen wir an einem über 200 Jahre alten Bildstock vorbei. Auf der unteren Säulenhälfte sehen wir in großen Ziffern die Jahreszahl 1799. Die Heiligenfigur in der Bildstocknische und das sie schützende, schmiedeeiserne Gitter sind neueren Datums. Von diesem Bildstock erzählt man, dass ein Fuhrmann bei der Talfahrt von seinem mit Stammholz schwer beladenen Wagen überrollt und lebensgefährlich verletzt wurde. In ihrer Verzweiflung gelobten die Angehörigen einen Bildstock zu errichten, wenn der Verunglückte wieder gesund würde. Das

Brunnen im Dürr-Ellenbacher Tal

Wunder geschah und aus Dankbarkeit wurde unter Mithilfe des Genesenden dieses Gelübde eingelöst.

Wenig später haben wir dann die Höhe erreicht und laufen auf einem breiten Forstweg hinab zu dem idyllisch gelegenen Forsthaus Dürr-Ellenbach.

Dieses schmucke Fachwerkhaus mit Backhaus und Laufbrunnen, das ehemalige „Kurfürstengut", gehörte einst Adam Bangert aus Hartenrod, der wegen seines Reichtums auch der „Kurfürst" genannt wurde. Adam Bangert war niemand anders als der Großvater von Dr. Adam Karrillon, dem berühmten Arzt und Heimatdichter aus Wald-Michelbach. Dürr-Ellenbach war zu dieser Zeit noch eine selbstständige Gemeinde von 5 Häusern und 52 Einwohnern. Da jedoch für die kleinen Bauern die kargen Lebensverhältnisse immer schlechter wurden, wanderten sie, wie vielerorts im Odenwald, nach Amerika aus. Rund 100 Jahre später, bei der Eingliederung nach Aschbach am 1. April 1939, wohnten in Dürr-Ellenbach nur noch der Förster, sein erwachsener Sohn und eine Haushälterin. Dürr-Ellenbach war zu diesem Zeitpunkt die kleinste Gemeinde Deutschlands. 1928 hat das Land

Hessen den Hof erworben. Seitdem ist das Haus Dienstwohnung des zuständigen Revierförsters. Von dem ehemaligen Dorf sind nur noch eine Scheune am Waldrand und ein Dorfteich vorhanden.

Vom Forsthaus folgen wir zunächst ein Stück der OWK-Markierung **gelber Punkt**. An einer Weggabelung wechseln wir dann unser Markierungszeichen und folgen dem örtlichen Wanderweg **Ab 4** geradeaus das stille und völlig unberührte Dürr-Ellenbach-Tal abwärts, das zu den schönsten im ganzen Odenwald zählt.

Nach knapp 3 Kilometern kommen wir zum ersten Waldlehrpfad Deutschlands.Er wurde 1958 von dem Lehrer Rupprecht Bayer aus Ober-Schönmattenwag angelegt, der mit diesem Werk als „Vater des Waldlehrpfades"in die Geschichte einging. Rupprecht Bayer wollte den Besuchern des Waldes Pflanzen und Tiere vorstellen, um bei ihnen das Naturverständnis und das Umweltbewusstsein zu fördern. Mit Unterstützung der Bevölkerung, aber besonders durch Mithilfe seiner Schulkinder, fertigte und beschriftete er zahlreiche Tafeln und Schilder. Auf ihnen kommt sein Leitgedanke zum Ausdruck:

„Ihr Menschen, habt Ehrfurcht vor dem Walde! Habt Ehrfurcht vor allem Leben, vor dem gewaltigen, wundersamen, göttlichen Schöpfungswerk der Natur!"

Zusammen mit dem Lehrpfad und der Markierung Ab 4 wechseln wir dann nahe des Talausgangs auf die andere Bachseite und kommen an einer schönen Kneippanlage vorbei. Wenig später verlassen wir den Lehrpfad und folgen der Markierung Ab 4 leicht bergauf um den Wellenberg herum. Vom Waldrand oberhalb der Viehweide eröffnet sich uns ein einmaliger Ausblick auf Ober- und Unter-Schönmattenwag und das Ulfenbachtal. Wenig später sehen wir auf der linken Seite Häuser vom Lotzenbuckel. Danach führt unser Weg wieder in den Wald hinein und steigt leicht an. Von der Wegkehre am Altenberg haben wir dann noch einmal einen sehr schönen Blick auf Wald-Michelbach und den Kirchberg, bevor wir auf teilweise schönen und abwechslungsreichen Waldwegen nach Aschbach zurückgehen.

12

Panoramaweg zur Tromm

Ausgangspunkt:	*Wald-Michelbach*
Wanderstrecke:	*Wald-Michelbach – Kreidacher Höhe – Ireneturm – Tromm – Gaderner Bild – Wald-Michelbach*
Länge/Dauer:	*12,7 km/4 Stunden*
Markierungen:	*W 3 – W 5*
Einkehrmöglichkeiten:	*Kreidacher Höhe, Tromm, Wald-Michelbach*

Im Jahre 1238 wurde Wald-Michelbach erstmals urkundlich erwähnt. Die ersten Hütten dürften jedoch bereits um

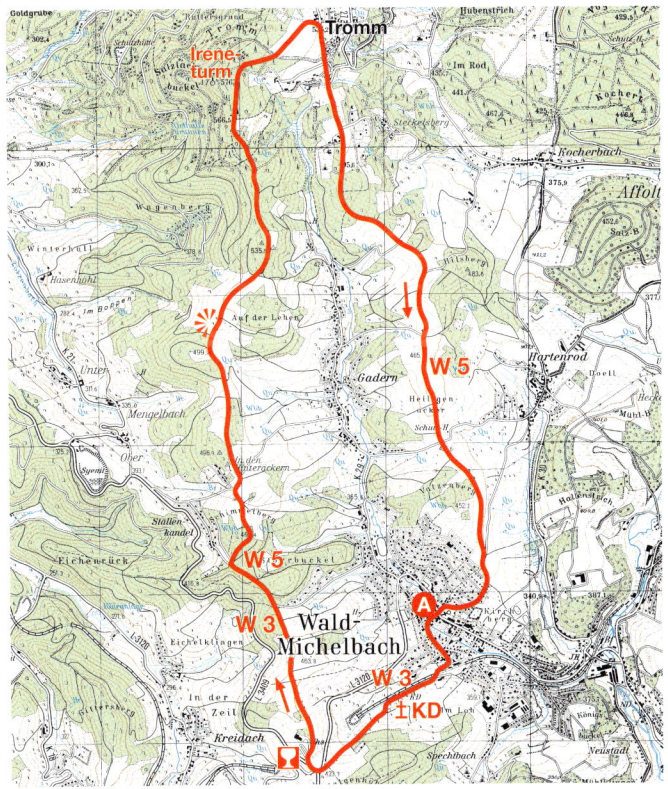

1000 gestanden haben. Zu ihrem Schutz wurde ein mächtiger Wehrturm errichtet, in dessen Nähe ein kleines Holzkirchlein entstand. Auf dieses Kirchlein bezieht sich in einer Urkunde die Ersterwähnung von Wald-Michelbach als „Michinbach", die Papst Gregor IX. am 28. Mai 1238 ausstellen ließ. Im ausgehenden Mittelalter wurden die Verteidigungsanlagen um den Wehrturm durch Mauer und Graben weiter ausgebaut. So entstand eine Wasserburg, in deren Mitte die Kirche stand. 1594 baute man das Rathaus. In diesem schmucken Fachwerkbau tagte auch das Zentgericht. Heute ist in diesem Gebäude das Heimatmuseum eingerichtet. Wappen der Gemeinde Wald-Michelbach ist seit 1605 der „Goldene-Laurentius-Rost". Der Heilige Laurentius erlitt 258 in Rom auf einem glühenden Rost den Märtyrertod, da er seinen Glauben nicht verleugnen wollte.

Wir beginnen unsere Wanderung am „Alten Rathaus". Von dort gehen wir am Dorfbrunnen vorbei die „Gass" abwärts. Ab dem neuen Rathaus folgen wir der örtlichen Markierung **W 3** die Schwalbengasse abwärts zum ehemaligen Bahnhof. Etwa 300 Meter weiter kommen wir zum größten Steinkreuznest Hessens.

Unter vier hohen Eichen stehen fünf Steinkreuze dicht nebeneinander. Bei dem Bau des Kreidacher Tunnels wurden in einer Mulde sieben Kreuze gefunden. Fünf davon konnten geborgen werden, zwei waren bei den Bauarbeiten zerstört worden. Man vermutet, dass der Fundort nicht der ehemalige Aufstellungsort gewesen war. Diese Vermutung beruht darauf, dass die fünf Kreuze sehr unterschiedlich gearbeitet sind, obwohl alle zweifelsfrei aus dem Mittelalter stammen. Nach ihrer Sicherstellung sind die Kreuze 1898 an ihrem jetzigen Standort aufgestellt worden. Schon wenig später begannen sich Geschichten um sie zu ranken. So erzählte man von einem ehemaligen Bauernfriedhof oder von auf dem Galgenberg Gehenkten, die man hier begraben hatte. Von hier gehen wir dann hinauf zur Kreidacher Höhe, einem beliebten Ausgangspunkt für Wanderungen. Der Weg von hier zur Tromm zählt zu den schönsten Höhenwegen im Odenwald. Nach Westen streift der Blick über das Weschnitztal zu den Höhenzügen an der Bergstraße, und bei guter Sicht sehen wir über die Rheinebene hinweg auf die Bergkette des Pfälzer Waldes. Blicken wir nach Süden, so sehen wir die

Altes Rathaus von Wald-Michelbach

höchste Erhebung des Odenwaldes, den Katzenbuckel (626 m), und die Berge jenseits des Neckars. Im Osten sehen wir die langgestreckten Höhenzüge des Buntsandstein-Odenwaldes.

Nach etwa einer Viertelstunde kommt von rechts der Rundweg **W 5** zu unserem Wanderweg. Dieser Markierung folgen wir nun hinauf zur Tromm und von dort wieder zurück nach Wald-Michelbach.

Oberhalb des Ortsteils „Stallenkandel" biegt unser Wanderweg nach rechts ab und führt unterhalb vom Schimmelberg vorbei. Auf dieser Berkuppe stand früher ein hölzerner Aussichtsturm, der den Namen des in Wald-Michelbach ansässigen Oberamtsrichters Rudi Wünzer (1862–1929) trug. Rudi Wünzer wurde auch gern der „Tromm-Vater" genannt, da er fast täglich hinauf auf die Tromm wanderte, wie die Eintragungen im Gästebuch der Gastwirtschaft „Zur schönen Aussicht" beweisen. Das Gästebuch befindet sich noch heute im Besitz der Wirtsleute Keil.

Wenig später sehen wir etwa 15 Meter im Feld einen alten Bildstock. Ursprünglich hatte dieser auf beiden Seiten Nischen. Der obere Teil des Bildstockes ist jedoch zerschlagen, sodass die ursprüngliche Form des Häuschens nicht mehr erkennbar ist. Auf dem Schaft vorne sehen wir die Buchstaben IHS mit dem Malteserkreuz über dem H, darunter 1708/SW. Die Jahreszahl benennt

13

das Datum der Aufstellung und S W die Abkürzung des Namens seines Stifters Simon Weil. Der Sage nach sollen sich hier zwei Ritter, daher auch der Name Ritterstein, während einer Hungersnot wegen einer Maus gegenseitig getötet haben. Derartige Geschichten in Verbindung mit Steinkreuzen oder Bildstöcken findet man im Odenwald häufiger. Sie verweisen auf die Hungersnöte während des Dreißigjährigen Krieges (1618–1648) und der Franzosenkriege (Pfälzischer Erbfolgekrieg, 1688–1697). Weiter heißt es von diesem Bildstock, dass er nicht entfernt oder versetzt werden darf, da sonst ein Unglück geschehen würde. Nur so ist zu erklären, dass der Bildstock bis heute mitten im Acker steht und der Landwirt bei der Feldbestellung und der Ernte Jahr für Jahr um dieses Hindernis herumfährt.

Auf unserem Weg zur Tromm bieten sich immer wieder unvergessliche Aussichten ins Weschnitztal und über die Rheinebene hinweg auf die Bergkette des Pfälzer Waldes. Besonders eindrucksvoll ist der Ausblick nahe der Gaderner Schutzhütte.

Die Tromm (576,8 m) ist zur jeder Jahreszeit ein vielbesuchtes Ausflugsziel. Besonderer Anziehungspunkt ist der Ireneturm.

13

Die beginnende Industrialisierung Anfang des 19. Jahrhunderts hatte eine Landflucht eingeleitet. Auf der Suche nach Arbeit und Brot verließ die Bevölkerung der ländlichen Gegenden ihre angestammte Heimat, um in den schnell wachsenden Industriezentren der Städte ihren Lebensunterhalt zu verdienen. Als Folge der menschenunwürdigen Arbeits- und Lebensbedingungen in tristen Fabrikanlagen und lichtarmen Mietskasernen, entstand in der zweiten Hälfte des 19. Jahrhunderts eine Vielzahl von Reformbewegungen, um den Menschen neue Perspektiven zu zeigen. Eine dieser Reformbewegungen war die Wanderbewegung. „Aus grauer Städte Mauern ziehn wir durch Wald und Feld" war ihre Devise. Mit großem Eifer ging man daran Wanderwege anzulegen, Schutzhütten zu bauen und auf den Bergkuppen Aussichtstürme zu errichten, um den Leuten die Schönheit der Landschaft zu zeigen und sie zum Wandern anzuregen. So entstand auch hier auf der Tromm von der neu gegründeten OWK-Ortsgruppe Wald-Michelbach 1890 ein erster, 23 Meter hoher hölzerner Aussichtsturm.

Der Ireneturm auf der Tromm

Aber schon 14 Jahre später, 1904, musste dieser Turm wegen Baufälligkeit wieder abgerissen werden. 1910 wurde ein neuer Aussichtsturm gebaut, der dank seiner Verkleidung bis heute allen Witterungseinflüssen standgehalten hat. Er trägt den Namen der Prinzessin Irene, der Schwester des Großherzogs Ernst Ludwig von Hessen. Vom Ireneturm hat man einen einmaligen Rundblick über die Täler und Höhen des Odenwaldes. Da der Turm jedoch zeitweilig abgeschlossen ist, muss man sich den Schlüssel bei dem in der Nähe wohnenden Turmwärter holen (Markierung weißer Kreis folgen).

10 Minuten später erreichen wir den Grasellenbacher Ortsteil Tromm. Hier biegt unser Wanderweg rechts ab und führt auf einem parallelen Höhenweg zurück nach Wald-Michelbach. Beim Rückweg beeindruckt besonders der Blick nach Süden ins Ulfenbachtal, zum Hardberg bei Siedelsbrunn, nach Rothenberg und zu der höchsten Erhebung des Odenwaldes, dem 626 Meter hohen Katzenbuckel. Oberhalb von Gadern kommen wir an einem Bildstock neueren Datums vorbei. Er wurde aufgestellt, um die Gnade und den Beistand der Mutter Gottes zu erflehen.

Kurz vor Wald-Michelbach, am alten Kirchweg von Kocherbach und Hartenrod nach Wald-Michelbach, steht auf dem Bergrücken eine über zwei Meter hohe Vierkant-Buntsandsteinsäule mit Kopfteil. Eine ähnliche Steinsäule befindet sich oberhalb von Mengelbach im Kreuzungsbereich der alten Poststraße mit dem Kirchweg von Weiher zum Kirchdorf Zotzenbach. Da diese Steinsäulen weder eine Nische zur Aufnahme einer Heiligenfigur besitzen noch irgendwelche christliche Symbole oder sonstige Bezeichnungen aufweisen, vermutet man, dass es sich um unbeschriftete Wegweisersteine im Kreuzungs- und Grenzbereich handelt. Bei Mengelbach ist diese Grenze heute noch vorhanden. Bei der Steinsäule auf dem Weißkopf ist man auf Vermutungen angewiesen. Als 1232 Kaiser Friedrich II. die gefürstete Abtei Lorsch dem Erzbischof von Mainz schenkte, kam es zwischen Kurmainz und Kurpfalz, die vorher Vögte des Klosters waren, zu Gebietsaufteilungen. Der größte Teil von Wald-Michelbach kam zur Pfalz, neun Michelbacher Höfe und Hartenrod fielen an Kurmainz. Hartenrod wurde für die Kurmainzer Gebiete im Hinteren Überwald Verwaltungszentrum mit eigener unterer Gerichtsbarkeit. Noch heute ist der Ausdruck „Hartenroder Hintergericht" bekannt. Die Steinsäule auf dem Weißkopf könnte also auf einer früheren Grenze zwischen Kurmainz und der Kurpfalz gestanden haben. Des Weiteren nimmt man an, dass der Kopf der Steinsäule früher weiß getünscht war und Namensgeber für den gesamten Bergrücken wurde.

Nach neuesten Untersuchungen von Professor Dr. Azzola (Trebur) und Dr. Göldner vom Denkmalamt Darmstadt soll es sich bei diesem Pfeiler aber doch um eine Gebetsstätte der nachmittelalterlichen Epoche handeln, dessen Aufstellung um 1700 vermutet wird. Dabei stützen sich beide Wissenschaftler auf einen Brauch, der weit ins Mittelalter zurückreicht. An alten Handelswegen im bergigen Gelände schuf man am Ende eines mühseligen Aufstieges Gebetsstätten zu einem Dankgebet und einer kurzen Rast für Mensch und Tier. Für den bevorstehenden Abstieg mahnte der Pfeiler gleichzeitig zum Anlegen des Radschuhes. Die dem Pfeiler aufgesetzte eiserne Spitze diente zur Wegorientierung, insbesondere an nebligen Tagen und im Winter bei hohen Schneeverwehungen.

Auf unserem Weg hinab nach Wald-Michelbach kommen wir am Geburtshaus des berühmtesten Sohnes von Wald-Michelbach vorbei, des Arztes und Heimatdichters Dr. Adam Karrillon (1853–1938), der den Namen seines Heimatortes in seinem Werk verewigt und ihn weit über die Grenzen des Odenwaldes hinaus bekannt gemacht hat. Im Rahmen einer Feierstunde wurde Dr. Adam Karrillon am 23. Oktober 1921 zum ersten Ehrenbürger von Wald-Michelbach ernannt und an seinem Geburtshaus eine Gedenktafel enthüllt, die das frühere katholische Schulhaus in der Kirchhohl als sein Geburtshaus ausweist. Auch die Kirchhohl wurde in „Adam-Karrillon-Straße" umbenannt.

13

Bergbau im Überwald

Ausgangspunkt:	*Wald-Michelbach*
Wanderstrecke:	*Wald-Michelbach – Straßburg –*
	Seufzen – Buchfeld – Lotzenbuckel –
	Besucherstollen – Wald-Michelbach
Länge/Dauer:	*10,7 km/3½ Stunden*
Markierungen:	*W 2 – Sw 2 – Sw 1 – o. Mark. – Ab 4 –*
	W 8
Einkehrmöglichkeit:	*Straßburg*

Dank seiner besonderen geologischen Struktur im Grenzbereich von kristallinem Gestein und Buntsand-

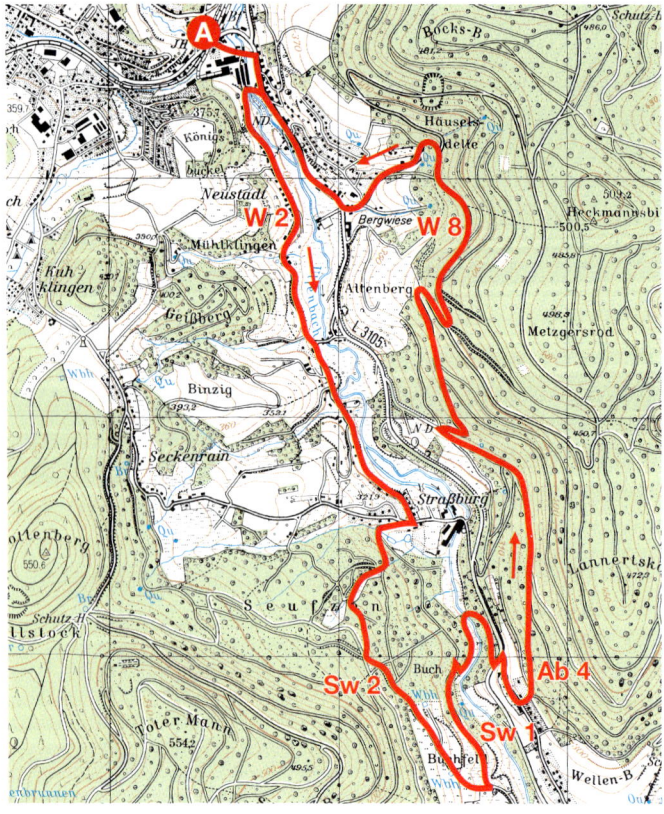

stein, hat der Bergbau im Überwald eine lange Tradition. Kelten und Germanen schürften schon in dieser Gegend nach Erz. Alte Orts- und Flurnamen wie z. B. Erzbach und Erzberg bekunden dies eindeutig. Im Lorscher Codex von 795 werden Erzgruben („Arezgrefte") bei Weschnitz genannt. Bis in die Neuzeit war aufgrund der eingeschränkten Transportmöglichkeiten der Abbau von Erz immer an seine Weiterverarbeitung gebunden. Eine Hammergründung oder eine Erzschmelze war ohne Erzabbau in unmittelbarer Nähe nicht vorstellbar. Der 1457 gegründete Wald-Michelbacher Hammer gibt uns daher einen Hinweis auf Erzabbau in der Umgebung. Mit Beginn des 16. Jahrhunderts finden sich dann verstärkt Hinweise auf Bergwerkstätigkeit im Überwald: bei Wahlen, bei Affolterbach, auf dem Gelände der heutigen Heckenmühle, in Hartenrod, Aschbach, Unter-Wald-Michelbach und Schönmattenwag. Auch die zahlreichen Flurnamen, die sich auf das Köhlerhandwerk beziehen, wie z. B. Kottenberg, verweisen auf die Erzgewinnung, da die Holzkohle zum Schmelzen der Erze benötigt wurde. Für die Schmiedearbeit nutzte man die reichlich vorhandene Wasserkraft zum Antrieb der Blasebälge und zum Anheben der Hammerköpfe. Das 18. Jahrhundert brachte das vorläufige Ende der Erzförderung. Mit dem neu entwickelten Thomasverfahren bei der Stahlherstellung, bei dem man große Mengen an Mangan benötigte, wurde das Interesse für den Bergbau im Überwald neu geweckt. Die Dillinger Hüttenwerke und vor allem die lothringische Firma „de Wendel" begannen mit systematischen Bohrungen. Es zeigte sich, dass überall unter der Buntsandsteindecke große Manganerzvorkommen vorhanden waren, und der Grubenbetrieb wurde intensiv aufgenommen. De Wendel förderte bis 1911; in der Grube Ludwig wurde bis 1918 Manganerz abgebaut. In den Kriegsjahren von 1942–1945 lebten die Bergbauarbeiten nochmals auf. Russische und polnische Kriegsgefangene wurden zum Arbeitseinsatz in den Gruben abgestellt. Als gegen Ende des Krieges die Bombenangriffe zunahmen, dienten die Stollen den Anwohnern als Luftschutzbunker. Nach dem Krieg nutzte man sie noch eine Zeit lang als Keller, bevor die Stolleneingänge aus Sicherheitsgründen zugeschüttet wurden.

14

Das Ulfenbachtal

Ausgangspunkt unserer Wanderung ist der ehemalige Bahnhof von Unter-Wald-Michelbach. Am 28. Februar 1901 wurde die Bahnnebenlinie von Mörlenbach nach Wahlen feierlich ihrer Bestimmung übergeben. Damit war der Überwald am Bahnnetz angeschlossen, was zu einer spürbaren Belebung von Industrie und Bergbau führte.

Auf der gegenüberliegenden Seite des Bahnhofs, dort wo sich heute die Firma Coronet befindet, stand am Ende einer Drahtseilbahn eine Entladestation und eine Erztrockenanlage. Da der Wasseranteil des Erzes bis zu 30% ausmachte, war eine solche Trockenanlage erforderlich, um die Transportkosten zu senken. Diese Trockner arbeiteten nach dem System rotierender Trommeln über einer Feuerungsanlage.

Vom Bahnhof folgen wir dem örtlichen Rundweg **W 2** am Firmengelände Coronet vorbei das Ulfenbachtal abwärts. Die Drahtseilbahn, mit der das Erz in Kippgondeln zur Entladestation nach Wald-Michelbach transportiert wurde, verlief über den Königsbuckel und den Geißberg auf der rechten Seite oberhalb des Weges. Die Entladestation war durch ein Nebengleis an den Bahnhof angeschlossen.

Nach etwa einer Dreiviertelstunde erreichen wir den Wald-Michelbacher Ortsteil Straßburg (Wortdeutung siehe Seite 103 ff.). Auf der rechten Seite kommen wir an dem Gasthof „Zur schönen Aussicht" vorbei. Dieser Name kann leicht missverstanden werden, denn er bezieht sich nicht auf die „schöne Aussicht", die man zweifellos hat, sondern auf den Namen der Grube „Aussicht" der Firma „de Wendel", deren Grubeneingang nicht weit von hier entfernt lag. Dem Grubennamen wurde lediglich das Wörtchen „schön" hinzugefügt. Grube und Gasthof sind zur gleichen Zeit entstanden, denn man wollte vom Durst der Grubenarbeiter profitieren und Besuchern der Grube und Geschäftsleuten eine Unterkunft bieten.

An der Gaststätte biegen wir rechts ab und folgen unserem Markierungszeichen auf den nahen Wald zu. Der durch Bruch- und Lesesteine befestigte Weg, den wir bergauf laufen, wurde eigens als Transportweg zur Grube „Aussicht" angelegt. Das Waldgebiet „In den Seufzen" am Fuße des Berges „Toter Mann" ist sehr nass und morastig. Daher mussten zur Vorbereitung eines Grubenbetriebes die Moorgebiete trockengelegt und die Transportwege befestigt werden. Erst danach konnte man beginnen Stollen in den Berg zu treiben. Für die Grube „Aussicht" wurden 7 Stollen mit geringem Gefälle in den Hang gegraben, damit das einsickernde Wasser nach außen ablaufen konnte. Diese Stollen lagen in verschiedener Höhe, hatten eine unterschiedliche Länge und besaßen Querstollen. Man erschloss so ein 0,5 bis 4 Meter mächtiges

14

Besucherstollen der Grube Ludwig, Wald-Michelbach

Manganerzlager von 600 Meter Länge und 220 bis 300 Meter Breite. Das geförderte Erz wurde in Loren mittels eines Wasserkastenaufzugs in den nächsthöheren Stollen gehoben und anschließend von Pferden zur Verladestation der Seilbahn gezogen. Dieser Wasserkastenaufzug funktionierte nach einem ganz einfachem Prinzip. Über einen senkrecht zum Stollen angelegten Luftschacht hatte man einen Turm errichtet. Seine wichtigste Funktion bestand in der Führung eines Drahtseiles. Am unteren Ende dieses Drahtseiles wurde die mit Erz beladene Lore befestigt. Das andere Ende war an einem Wasserbehälter befestigt, den man mit Bachwasser des Berges füllte. Wurde der Wasserkasten schwerer als die mit Erz beladene Lore im Stollen, so zog der nach unten sinkende Wasserkasten die Lore nach oben. Im Stollen wurde der Wasserkasten entleert und durch die inzwischen ausgewechselte, schwerere Lore wieder nach oben gezogen. Die Drahtseilbahn war so gebaut, dass sie direkt an den Öffnungen der Stollen vorbeiführte.

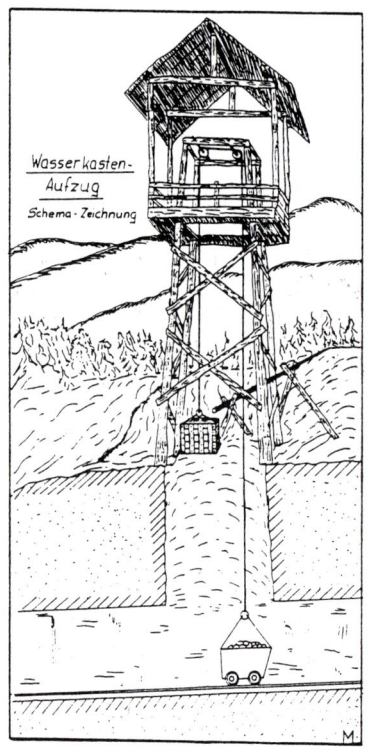

Zeichnung Hans-Günther Morr in „Bergbau und Industrie im Überwald" Seite 54

Zur Ausrüstung der Bergleute gehörten die Grubenlampe (Karbit-Lampe), Schaufel, Keilhaue und Pickel, um den Stollen voranzutreiben, und Schlägel und Eisen für die Hauer, um das Erz aus dem Stein zu schlagen. Für ihre Werkzeuge waren die Bergleute selbst verantwortlich.

1911 wurde in der Grube „Aussicht" die Arbeit eingestellt. Nach Aussage der Firma de Wendel waren die Erzvorkommen erschöpft.

Diese Aussage deckte sich aber nicht mit der der Bergleute unter Tage. Der eigentliche Grund dürfte im Spannungsfeld der deutsch-französischen Beziehungen eine nationale Entscheidung gewesen sein. Jedenfalls wurden sämtliche Einrichtungen samt Drahtseilbahn, Entladestation und Trockenstation abgebaut bzw. abgerissen. Dennoch finden sich in diesem Waldgebiet noch heute Spuren der ehemaligen Bergbautätigkeit, und der aufmerksame Wanderer kann ehemalige Abraumhalden, eingestürzte Schächte und Stollen sowie Verladerampen und Spuren der Drahtseilbahn erkennen.

Bei der nächsten Wegkreuzung verlassen wir den Rundweg **W 2** und folgen dem Rundweg **Sw 2** nach links. Der Weg führt durch das Buchfeld bergab und vom Waldrand aus haben wir einen sehr schönen Blick ins Ulfenbachtal und auf Schönmattenwag. Kurz hinter dem Wasserwerk biegen wir mit der Markierung **Sw 1** nach links ab. Zunächst wandern wir zwischen Weiden und Wiesen entlang und haben einen schönen Blick auf den gegenüber liegenden Lotzenbuckel. Dann führt der Weg durch den Wald, bis wir nach etwa 5 Minuten nach rechts auf einen schmalen Pfad abbiegen, der uns hinunter ins Ulfenbachtal bringt. Das nun folgende Teilstück beeindruckt durch seine landschaftliche Idylle.

Unterhalb von Straßburg überqueren wir den Ulfenbach und folgen der Markierung aufwärts zur Straße und von dort weiter hinauf zum Lotzenbuckel. Schräg gegenüber dem Altenpflegeheim biegen wir von der Straße nach links ab und gehen ohne Markierung hinauf zum nahen Waldrand. Hier treffen wir auf den Wanderweg **Ab 4**, dem wir nun nach links bergauf folgen. Der Weg mündet in eine ausgebaute Forststraße, der wir nun nach links folgen.Das Waldgebiet zu unserer Linken, an dem wir entlanglaufen, war ebenfalls Bergwerksgelände. Hier befand sich die Grube „Morgenstern". Man kann noch deutlich die Spuren eingefallener Stollen und Abraumhalden erkennen. Nach etwa einer Viertelstunde biegen wir, immer noch der Markierung **Ab 4** folgend, rechts ab und gehen durch einen lichten Buchenhochwald bergauf. Auf der Höhe haben wir vom Waldrand eine schöne Aussicht auf Wald-Michelbach. Bei der nächsten Kehre stoßen wir dann auf die Markierung **W 8**, der wir nach links zurück nach Wald-Michelbach folgen. Der Weg steigt zunächst noch etwas an und fällt dann zur Hänselsdelle hin ab. Etwas unterhalb befand sich früher die Grube „Ludwig". Dort wurde von 1889–1918 Manganerz gefördert. Auf der linken Seite steht am Waldrand noch das alte Zechhaus. Es ist das einzige erhaltene Bauwerk aus der Überwälder Bergbauzeit. Es enthielt Büros und bot nicht ortsansässigen Bergleuten eine Übernachtungsmöglichkeit. Die heutige Gartenmauer vor dem Zechhaus war ursprünglich die Verladerampe, von der das Manganerz in die bereitstehenden Wagen gekippt und zum Bahnhof nach Wald-Michelbach gebracht wurde.

Am 12. Februar 1993 wurde die Grube „Ludwig", die in zahlreichen freiwilligen Arbeitsstunden wieder hergerichtet worden war, neu eröffnet.

Nach der Besichtigung der Grube folgen wir dann dem Rundweg **W 8** zurück zu unserem Ausgangspunkt Wald-Michelbach.

14

Zum Lichtenklinger Hof

Ausgangspunkt:	*Naturpark-Parkplatz „Hardberg"*
Wanderstrecke:	*Siedelsbrunn – Eiterbachtal –*
	Lichtenklinger Hof – Stiefelhütte –
	Siedelsbrunn
Länge/Dauer:	*11,8 km/3½ Stunden*
Markierungen:	*Si 4 – o. Mark. – ③ – ■ (weiß) – Si 5*
Einkehrmöglichkeit:	*Stiefelhütte (Do. Ruhetag)*

Wir beginnen unsere Wanderung am Naturpark-Parkplatz „Hardberg" und folgen der Markierung **Si 4** in den Ort hinein.

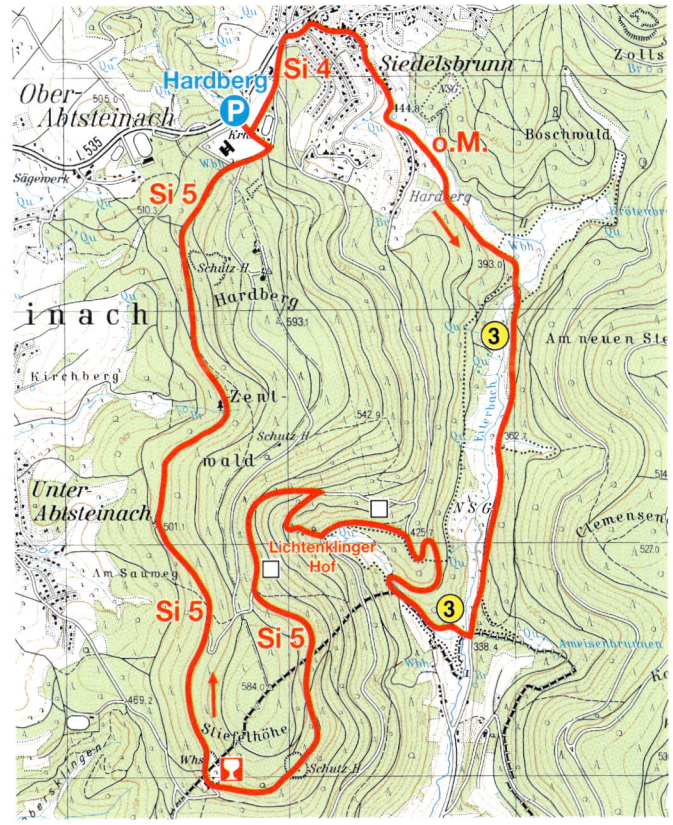

Die erste urkundliche Erwähnung von Siedelsbrunn findet sich in einer Urkunde bezüglich der Berichtigung des Lorscher Wildbannes zugunsten des Bistums Worms vom 18. August 1012 als „ad Sidilines brunnon". Diese Ersterwähnung verweist wörtlich auf eine Siedlung am Brunnen. Der heutige „Drei-Röhren-Brunnen", an dem wir vorbeilaufen, ist zwar neueren Datums, dennoch steht er auf historischem Boden. Um diesen Brunnen herum entstand der Ort. Er ist zusammen mit einem Hufeisen und einer Kuhglocke Teil des Ortswappens, das auf den ehemals ländlichen Charakter der Gemeinde verweist.

Vom „Drei-Röhren-Brunnen" laufen wir hinab ins Eiterbachtal. Bei den „Unteren Häusern", unmittelbar hinter einer kleinen Teichanlage, verlassen wir den Wanderweg **Si 4** und gehen **ohne Markierung** geradeaus die Straße weiter abwärts. Nach gut 5 Minuten stoßen wir auf den **Rundweg 3** (gelbe Ziffer im gelben Kreis) des Naturparks und folgen ihm am Waldrand entlang hinab ins idyllische Wiesental, das durch seine Ruhe und Abgeschiedenheit den Wanderer beeindruckt. Im Tal überqueren wir den Eiterbach und laufen auf der linken Talseite das Naturschutzgebiet abwärts. Dieses in seinem Oberlauf völlig unberührte Tal gehört zu den schönsten Tallandschaften im Odenwald.

15 Nach etwa 1,5 km kommen wir nahe der hessisch-badischen Grenze an den Naturpark-Parkplatz „Lichtenklingen". Hier endet die von Heiligkreuzsteinach heraufkommende Asphaltstraße, und von Siedelsbrunn aus ist dieser Parkplatz nur über eine Schotterstraße zu erreichen, die am Wochenende für den Verkehr gesperrt ist.

Wir folgen zunächst **Rundweg 3** dieser Schotterstraße aufwärts, die in diesem Bereich ein kleines Stück direkt an der hessisch-badischen Landesgrenze entlangführt. Nach wenigen Minuten kommt von rechts die OWK-Markierung **weißes Viereck** zu unserem Weg, der wir nun zum Lichtenklinger Hof folgen. Von einem „Hof" ist dort allerdings nichts mehr zu sehen. Als der hessische Staat 1838 das Gehöft erwarb, war es dermaßen heruntergewirtschaftet, dass der völlige Abriss unabwendbar war. Heute erinnert nur noch ein forstwirtschaftliches Gebäude daran, dass sich an dieser Stelle einmal ein Hofgut und eine Försterei befanden.

Das Eiterbachtal

Das Schicksal des Lichtenklinger Hofes ist kein Einzelfall. Die napoleonische Kaiserzeit hatte tiefgreifende Veränderungen gebracht. Missernten, verbunden mit hohen Abgaben, hatten viele Bauern in den Ruin getrieben und gezwungen, ihren Hof aufzugeben. Auch das 1835 geschaffene Gesetz, das den Freikauf des Bodens vom jeweiligen Landesherrn oder Staat ermöglichte und damit das Ende der Grundherrschaft brachte, war für die meisten Bauern nicht finanzierbar, da die Ablösesumme 5 %

des Steuerwertes hochgerechnet auf 25 Jahre (= 125%) betrug. Zudem wuchs die Bevölkerungszahl und verstärkte dadurch die Probleme. Die kargen Böden konnten die wachsenden Familien nicht mehr ernähren und so setzte eine Auswandererwelle insbesondere nach Amerika ein. Einer dieser Auswanderer war Hans Nikolaus Eisenhauer aus Eiterbach, der mit seiner Familie nach Pennsylvania emigrierte, und der wahrscheinlich der Ahnherr des amerikanischen Generals und späteren US-Präsidenten Dwight D. Eisenhower ist.

Aber nicht dieser ehemalige Hof ist Ziel unserer Wanderung, sondern die Kapellenruine „Unserer Lieben Frau". Alljährlich veranstalten gläubige Christen eine Wallfahrt zum alten Quellheiligtum im Lichtenklingen. Dabei wird die Muttergottesfigur mit dem Jesuskind auf dem Arm aus der Unter-Abtsteinacher Kapelle mitgeführt.

Viele Sagen und Geschichten ranken sich um das Quellheiligtum, die Kapelle und das Gnadenbild „Unserer Lieben Frau".

Von den Kelten wissen wir, dass sie immer dort siedelten, wo sie frisches Wasser vorfanden. Quellen waren ihnen heilig und oft Stätten ihrer Götterverehrung. Auch von Lichtenklingen nimmt man an, dass dieser Ort ihnen bekannt war, zumal der Name „Eiterbach" keltischen Ursprungs ist und „Euteraha" (Lebensfluss) heißt.

Das genaue Jahr, in dem die Kapelle erbaut wurde, ist unbekannt. Vermutlich waren es Mönche aus dem Kloster Lorsch, die sie im 13. Jahrhundert an diesem verschwiegenen Ort errichteten und das umliegende Land urbar machten. Die urkundliche Ersterwähnung der Kapelle stammt aus dem Jahre 1387. Zu dieser Zeit war die Kapelle Stätte einer Marienwallfahrt und Karmelitermönche aus Weinheim versahen den Gottesdienst.

Mit Einführung der Reformation in der Kurpfalz fiel Lichtenklingen 1556 den Reformierten zu. Die Bewohner von Abtsteinach wurden nach Wald-Michelbach eingepfarrt und mussten auch dort ihre Toten begraben. Die Wallfahrten wurden untersagt und die Kapelle dem Verfall überlassen. Lediglich der Hof wurde weiter bewirtschaftet. Der Legende nach sollen zu dieser Zeit ein paar beherzte Unter-Abtsteinacher des Nachts nach Lichtenklingen gekommen sein, um die Muttergottesfigur mit dem Jesuskind auf dem Arm aus der verweisten Kapelle

Die Ruinen der Lichtenklinger Kapelle bei Siedelsbrunn

zu holen und um sie in ihrer Kapelle in Unter-Abtsteinach aufzustellen. Aber trotz Bewachung, aus Angst vor reformierten Eiferern, war die Statue am nächsten Morgen verschwunden. Nach langem Suchen fand man sie endlich an ihrem angestammten Platz in Lichtenklingen wieder. Man nahm sie erneut mit nach Unter-Abtsteinach, aber auch ein zweites und ein drittes Mal kehrte die Heiligenfigur nach Lichtenklingen zurück. Erst als die Gläubigen sie ein viertes Mal geholt hatten, blieb sie an der neuen Stätte ihrer Verehrung.

Als 1563 in Lindenfels eine Feuersbrunst wütete, gestattete der Kurfürst den betroffenen Bürgern, Baumaterial von der Lichtenklinger Kapelle herbeizuschaffen. So wurde die Kapelle als Steinbruch genutzt. Diese Steine aber sollen kein Glück gebracht haben. Ihr Vieh, das in den aus den Steinen der Kapelle gebauten Ställen untergebracht war, wurde krank und ging ein.

Um die Kapelle selbst war es zu dieser Zeit des Nachts nicht mehr geheuer. Man erzählte, dass um Mitternacht die „Weiße Frau" zur Kapelle zurückkehre. Das kranke Kind des Köhlers soll sie in den Schlaf geschaukelt haben. Dem Förster, dem die „Weiße Frau" unheimlich war, und der auf sie schoss, soll die Kugel im Lauf steckengeblieben sein und sein Arm war samt seinem Abzugfinger für immer gelähmt. In einer anderen Nacht wurde der Förster

15

von einem sphärenhaften Singen aus dem Schlaf geweckt. Als er das Fenster öffnete und zur Kapelle hinüberschaute, war diese im alten Glanz wieder erstanden. Sie war hell erleuchtet und Elfen tanzten um sie herum. Als der Förster sein Gewehr holte und in die Luft feuerte, war alles wieder verschwunden.

Die Legenden berichten auch immer wieder von einem unermesslichen Schatz, der bei der Kapelle vergraben sei. Tatsächlich soll nach mündlicher Überlieferung die Familie Elfner aus Eiterbach beim Streu machen im Wald in der Nähe der Kapelle auf eine Kiste mit Messgewändern und Kelchen gestoßen sein. Ein Messkrug, nachweislich aus dem 14. Jahrhundert, befindet sich noch heute im Besitz dieser Familie.

Von der Kapellenruine folgen wir dem **weißen Viereck**. Der Waldpfad steigt steil an und stößt auf einen Forstweg. Von diesem biegen wir nach ca. 10 Minuten links ab und folgen der Markierung **Si 5** den sogenannten „Rentnerweg" entlang zur Stiefelhütte. Wie der Name schon vermuten lässt, handelt es sich um einen völlig ebenen Waldweg. Zunächst kommen wir zur „Steinernen Bank". Diese 4,5 Meter lange, aus Buntsandstein gearbeitete Bank, ist ein wunderbares Beispiel für die zahlreichen Gebrauchsgegenstände, die früher aus dem relativ weichen Gestein gefertigt wurden. Von der Bank, die über einem stillgelegten Steinbruch steht, hat man einen herrlichen Blick ins Eiterbachtal. Wenig später erreichen wir die nahe gelegene Stiefelhütte. Sie gehört zu den wenigen Hütten im Odenwald, die ganzjährig bewirtschaftet sind. Die Stiefelhütte ist gleichzeitig kleinster Ortsteil von Heiligkreuzsteinach. In unmittelbarer Nähe der Hütte befindet sich ein 1930 stillgelegter Buntsandsteinbruch, dessen glatte Wände gerne zum Klettertraining genutzt werden.

Auf dem Rückweg nach Siedelsbrunn folgen wir weiterhin der Markierung **Si 5**. Von diesem Weg hat man an einigen Stellen schöne Ausblicke auf den südlichen Vorderen Odenwald und die Rheinebene.

Rund um den Kottenberg

Ausgangspunkt:	*Naturpark-Parkplatz „Hardberg"*
Wanderstrecke:	*Siedelsbrunn – Krötenbrunnen –*
	Zollstock – Kottenberg –
	Siedelsbrunn
Länge/Dauer:	*10,7 km/3 ½ Stunden*
Markierungen:	*Si 3 – ④ – Si 2 – ▼ (blau) – W 1 – Si 1*
Einkehrmöglichkeit:	*Siedelsbrunn*

Auch diese Wanderung beginnt am Naturpark-Parkplatz „Hardberg" und ist bis zum Dorfbrunnen identisch
mit der zum Lichtenklinger Hof.

Unterhalb des Dorfbrunnens biegen wir mit der örtlichen Markierung **Si 3** links ab. Wenige Schritte weiter
gabelt sich unser Wanderweg, und wir folgen ihm nach
rechts. Der Weg verengt sich zu einem schmalen Pfad und
führt über eine Streuobstwiese zum nahe gelegenen
Waldrand. Von dort wandern wir auf einem schönen und
abwechslungsreichen Waldweg hinab zum Krötenbrunnen. Der Weg verläuft nahe am Waldrand und ermöglicht

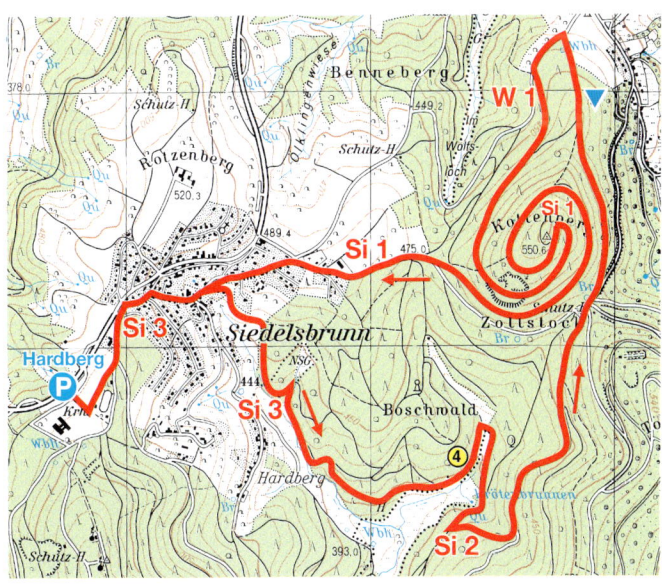

Im Krötenbachtal

immer wieder einen Blick ins Tal und auf den gegenüberliegenden Hardberg.

Das Krötenbachtal liegt in einem von bewaldeten
Hängen umgebenen Kessel und beeindruckt den Wanderer durch seine idyllische Lage und Abgeschiedenheit. Im
Talgrund biegt der Wanderweg **Si 3** im spitzen Winkel
nach links ab. Von hier folgen wir dem **Rundweg 4** des
Naturparks geradeaus. Nach wenigen Minuten stoßen
wir auf die Markierung **Si 2**, der wir nach rechts am Waldrand entlang folgen.

Beim Krötenbrunnen verlassen wir das Tal und gehen
einen leicht ansteigenden Waldweg hinauf zum Zollstock.
Hier verlief, von „Franconodal" (Frankel, Unter-Schönmattenwag) hochkommend, die im Lorscher Urkundenbuch beschriebene Grenze der Mark Heppenheim. Sie
bildete auch die Grenze zwischen Kurmainz und der Kurpfalz. Bei Grenzkorrekturen wurde sie später nach Süden
verschoben und war identisch mit der heutigen Landesgrenze zwischen Hessen und Baden-Württemberg. Am
Wegrand steht ein alter Wegweiserstein, in dem früher der
Pfosten des Schlagbaumes eingelassen war. Dieser Stein
wird aber auch mit dem Mord an einer Schneiderin in
Verbindung gebracht. Ursprünglich sollen einmal Nadel
und Schere auf ihm abgebildet gewesen sein. Der Stein ist
jedoch so stark verwittert, dass man nichts mehr erkennen
kann.

16

Blick von Siedelsbrunn auf das obere Ulfenbachtal

Am Zollstock wechseln wir unser Markierungszeichen und folgen nun der Markierung ▼ (blau) nach halblinks in Richtung Wald-Michelbach. Der Waldweg verläuft weitgehend eben und fällt dann zum Waldrand hin ab. An der Waldspitze, kurz hinter dem Wasserwerk, befindet sich auf der linken Seite ein Gedenkstein, der an die Revolutionsereignisse vom 12. und 13. Juni 1849 bei Wald-Michelbach erinnert. Hier, am Nordhang des Kottenberges, oberhalb der Siedlung „Kuhklingen", kam es zwischen den Freischärlern und den angreifenden Reichstruppen zu einem Feuergefecht, bei dem es mehrere Tote gab. Eingeweihte finden noch heute am Berghang Wall und Graben, hinter denen sich die Freiheitskämpfer damals verschanzt hatten.

Am Gedenkstein biegen wir im spitzen Winkel links ab und folgen dem örtlichen Wanderweg **W 1**. Nach etwa einer Viertelstunde wechseln wir von **W 1** auf die Markierung **Si 1**, indem wir auf unserem Weg geradeaus weitergehen. Kurz darauf führt uns dieser durch einen stillgelegten Steinbruch.

Buntsandsteinbrüche hatten im Odenwald von jeher eine große Bedeutung. Die Burgen der Adeligen sowie die Steinhäuser der Reichen wurden aus diesem Material gebaut und zahlreiche Gebrauchsgegenstände aus diesem relativ weichen Stein gefertigt. Mit der industriellen Entwicklung am Anfang des 19. Jahrhunderts und dem damit verbundenen raschen Anwachsen der Städte, bestand ein großer Bedarf an Baumaterial. Zumindest die Haussockel wurden mit Buntsandsteinen aufgemauert. So entstanden überall im Odenwald Bundsandsteinbrüche. Der Abbau erfolgte meist durch Familienbetriebe, die als Pächter Gelände zur Anlage von Steinbrüchen zugewiesen bekamen. Solche Steinbrüche befanden sich auch am Kottenberg und am Zollstock. Die Steine wurden an Ort und Stelle zugehauen und auf Pferdefuhrwerken und Ochsenkarren bis in die Städte in der Rheinebene gefahren. Teilweise lud man sie auch auf Lastkähne, um sie bis nach Norddeutschland zu transportieren. So brachten die Steinbrüche bis Anfang des Zweiten Weltkrieges Steinbrechern, Steinmetzen, Fuhrleuten und Tagelöhnern Arbeit und Verdienst.

Beim Wiederaufbau der deutschen Städte nach dem Zweiten Weltkrieg verdrängte der Kunsstein den Naturstein. Er konnte billiger und schneller hergestellt werden und so mussten die Buntsandsteinbrüche wegen Unrentabilität aufgegeben werden. Nur wenige Betriebe konnten sich durch eine Spezialisierung auf Gebrauchsgegenstände und dank einer neu erwachten Liebe für Natursteine bis in unsere Zeit behaupten.

Unser Wanderweg steigt ganz allmählich schneckenförmig zum Kottenberg hin an. Diese Bergkuppe ist von fast allen Stellen des Überwaldes zu sehen. Besonders imposant wirkt dieser Berg, wenn man vom oberen Ulfenbachtal nach Süden schaut. Von dort aus scheint er als wuchtige Barriere das Tal abzuschließen. Sein Name, Kotte = Köhlerhütte, erinnert an das einstige Köhlerhandwerk. Auch dieses hatte im Überwald eine große Bedeutung, da man bei der Erzverhüttung ständig Bedarf an Holzkohle hatte. Heute erinnert man sich wieder zunehmend an diesen alten Berufsstand und besonders Vereine nutzen die Tradition des Zündens eines Meilers als touristische Attraktion, um so ihre Vereinskasse aufzubessern.

Vom Kottenberg führt der Weg spiralförmig abwärts und bietet an einigen Stellen einen kurzen Durchblick auf Siedelsbrunn und das Ulfenbachtal. Von der Wegkreuzung beim Friedhof haben wir noch einmal einen herrlichen Blick auf die Ortschaften im oberen Ulfenbachtal, Aschbach und Affolterbach, und auf die Tromm.

Zum Götzenstein

Ausgangspunkt:	Ober-Abtsteinach
Wanderstrecke:	Ober-Abtsteinach – Götzenstein – Mackenheim – Kreidach – Ober-Abtsteinach
Länge/Dauer:	9,5 km/3 Stunden
Markierungen:	A 4 – ⑥ – ④ – A 6
Einkehrmöglichkeit:	Mackenheim

Ausgangspunkt unserer Wanderung ist der Rathausplatz in der Ortsmitte von Ober-Abtsteinach.

Die erste urkundliche Erwähnung des Ortes erfolgte 1012 als „possessa steinaha" – „Besitztum Steinaha" – des Klosters Lorsch. Über lange Jahre hinweg wurde das Schicksal von Abtsteinach vom Kloster Lorsch bestimmt.

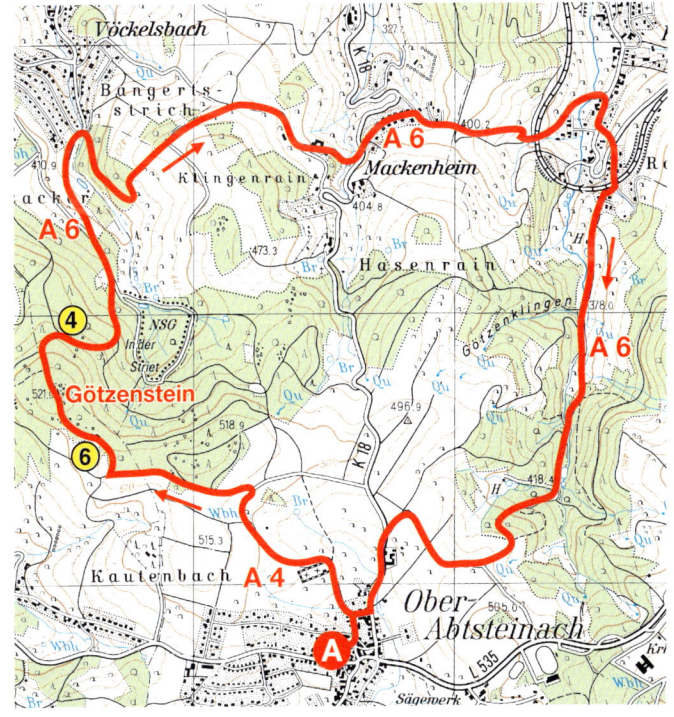

17

Der Götzenstein mit seiner markanten Felsgruppe

Nachdem dieses jedoch 1232 seine Selbstständigkeit verlor und dem Erzbistum Mainz unterstellt wurde, verblieb Abtsteinach bei der Kurpfalz. Bis zur Reformation war für die Bewohner von Abtsteinach die Kapelle in Lichtenklingen Gotteshaus. In der Zentbeschreibung von 1509 wurde dann erstmals zwischen „Obersteynach" und „Niddernsteynach" unterschieden. Als 1556 in der Kurpfalz die Reformation eingeführt wurde, musste auch die Bevölkerung von Abtsteinach nach dem Grundsatz „cuius regio, eius religio" (wessen das Land, dessen die Religion) diesen neuen Glauben annehmen. Die Bewohner von Abtsteinach wurden nach Wald-Michelbach eingepfarrt und mussten auch dort ihre Toten begraben. Zu Beginn des Dreißigjährigen Krieges, 1623, kam Abtsteinach wieder zum Bistum Mainz und wurde rekatholisiert. Zunächst fand der Gottesdienst in der kleinen Kapelle in Unter-Abtsteinach statt. Das Kirchspiel Abtsteinach gewann jedoch eine so überragende Bedeutung, dass eine größere Kirche gebaut werden musste. 1658 wurde die dem Heiligen Bonifatius geweihte barocke Kirche vollendet. Zu diesem Zeitpunkt gehörten über 20 Ortschaften zum Kirchspiel Abtsteinach. Der Einzugsbereich erstreckte sich bis ins Gorxheimer Tal und ins Weschnitztal. Zu diesem Zeitpunkt erscheint erstmals die Silbe „Abt" im Ortsnamen von Steinach und verweist auf die engen kirchlichen Beziehungen. Aufgrund seiner Größe besaß das Kirchspiel Abtsteinach ein eigenes kirchliches Gericht, das Synodalgericht, das Verstöße gegen kirchliche Vorschriften und kleinere weltliche Vergehen ahndete. Sehenswert in Ober-Abtsteinach ist auch das Pfarrhaus, dessen Ursprünge bis ins Jahr 1590 zurückreichen.

Auf unserem Weg zum Götzenstein folgen wir zunächst der örtlichen Markierung **A 4** am Friedhof vorbei zur Freizeit- und Grillanlage „Steinachquelle". Hier, auf einer Hochebene zwischen dem Hardberg, dem Hohberg und dem Waldskopf, entspringt die Steinach, die dem Ort und der Talschaft ihren Namen gegeben hat. Der Name „Steinach" ist keltischen Ursprungs und bedeutet „Wasser aus den Steinen".

Vom Grillplatz aus führt der Weg zum nahe gelegenen Waldrand und an diesem entlang. Von hier hat man einen herrlichen Blick auf Löhrbach sowie auf Mannheim und Ludwigshafen in der Rheinebene.

Nach etwa 5 Minuten folgen wir dem **Rundweg 6** des Naturparks nach rechts in den Wald hinein und gehen auf einem schönen Waldpfad hinauf zum Götzenstein.

Der Götzenstein ist eine geheimnisvolle Bergkuppe mit einer markanten Felsgruppe. Man nimmt an, dass sich an dieser Stelle einst eine keltische Kult- und Thingstätte befand. Die mächtigen Granitblöcke lassen zwar keine Spuren künstlicher Bearbeitung erkennen, doch die völlig ebene Bergkuppe, an deren Rand sie liegen, lässt eine von Menschenhand geschaffene Fläche vermuten. Dies scheinen auch jungsteinzeitliche Funde zu bestätigen.

17

Die Sage berichtet von der Sippe des Dietbert von der Bergstraße, der als einziger seines Stammes noch nicht zum Christentum übergetreten war und weiterhin den Göttern opferte. Auf der Suche nach einem verschwiegenen Platz für eine Opferstätte kam Dietbert bis zum Götzenstein. Er ließ diese Stelle für seine Zwecke herrichten und brachte jahrelang in aller Stille seine Opfer dar. Eines Nachts brach jedoch auf seinem Hof ein Feuer aus und bald stand das Wohnhaus in hellen Flammen. Ein in der Nähe wohnender Missionar und Einsiedler sah das Feuer und hörte die Klagerufe der jungen Mutter, deren Kind noch in den Flammen war. Ohne zu zögern, goss er Wasser über sich, hüllte sich in nasse Felle und stürzte in das brennende Haus, um das Kind zu retten. Nach gelungener Rettungstat sank er vor Schmerzen durch die zahl-

Blick in die Rheinebene

reichen Brandwunden ohnmächtig zu Boden. Auf die spätere Frage Dietberts, was ihm die Kraft und den Mut zu dieser Heldentat gegeben habe, antwortete er, dass er sich unter Gottes starkem Schutz befunden habe und ihm daher nichts habe geschehen können. Beeindruckt von soviel Gottvertrauen ließ Dietbert sich wenig später mit seiner ganzen Sippe taufen und kehrte nicht mehr an die heidnische Opferstätte zurück. Siedler, die später an diese Stelle kamen und sahen, dass Heiden hier geopfert hatten, gaben dem Berg den Namen „Götzenstein".

Vom Götzenstein folgen wir erst noch ein Stück dem **Rundweg 6** des Naturparks bergab und biegen dann an der ersten Kreuzung mit dem **Rundweg 4** rechts ab. Der Weg führt durch einen lichten Buchenwald abwärts. Nach etwa 10 Minuten mündet unser Waldweg in eine ausgebaute Forststraße. Hier treffen wir auf die örtliche Markierung **A 6**, der wir nach links zum Ortsrand von Vöckelsbach folgen. Vöckelsbach, heute Ortsteil von Mörlenbach, wurde 1369 erstmals urkundlich erwähnt. Am Ortseingang biegen wir rechts ab und gehen zunächst durch Wald, später durch Wiesen und Weiden hinauf zur Gemarkung „Bangerts-Strich". Von hier hat man eine herrliche Aussicht auf die Kuppen und Täler des Vorderen Odenwaldes. Von der Höhe gehen wir dann hinab nach Mackenheim, einem Ortsteil von Abtsteinach. Mackenheim wurde 1488 als „Wohnung des Maco" erstmals urkundlich erwähnt. Der kleine Ort liegt abseits der Durchgangsstraßen, eingebettet in eine Wiesen- und Waldlandschaft und strahlt eine ländliche Idylle und Ruhe aus.

Wir folgen dem Wanderweg A 6 quer durch den Ort, steigen danach eine kleine Anhöhe hinauf, von der man abermals eine schöne Aussicht hat, und gehen dann hinab zu dem Wald-Michelbacher Ortsteil Kreidach, dem Dorf der blühenden Obstbäume. Dieses Dorf liegt geschützt in einer Senke. Die Höhenzüge ringsum halten die kalten Nord- und Ostwinde ab, sodass der Frühling hier früher einziehen kann als im übrigen Überwald. An der Durchgangsstraße wenden wir uns nach rechts, gehen durch einen ehemaligen Bauernhof, überqueren erneut die Straße und Bahngleise und laufen das stille und einsame Mörlenbachtal hinauf, der mal diesseits, mal jenseits am Wegrand vorbeiplätschert. Bei den Fischteichen im Talgrund verlassen wir dieses reizvolle Tal und gehen durch den Wald bergauf zum Höhenweg, der als Panoramaweg rund um Ober-Abtsteinach verläuft, und auf dem wir zu unserem Ausgangspunkt zurückwandern.

17

Vom Abtsteinacher Bild zum Teufelsstein

Ausgangspunkt:	*Unter-Abtsteinach*
Wanderstrecke:	*Unter-Abtsteinach – Hilsenhain –*
	Daumberg – Trösel – Teufelsstein –
	Hohberg – Unter-Abtsteinach
Länge/Dauer:	*11,3 km/3½ Stunden*
Markierungen:	*A 10 – Ⓥ – G 10 – G 9 – ■ (weiß)*
	o. Mark.
Einkehrmöglichkeiten:	*Hilsenhain, Trösel*

D as Dorf Unter-Abtsteinach wurde zu beiden Seiten der Steinach gegründet. Über die Ersterwähnung ist man un-

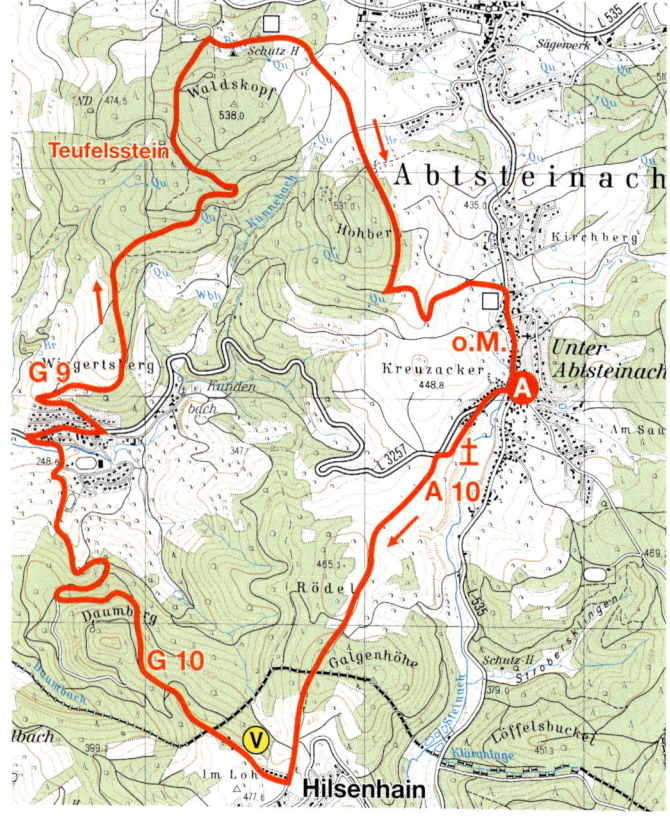

terschiedlicher Auffassung. Die früheste Datierung nennt das Jahr 1490. In der Zentbeschreibung von 1509 werden „Obersteynach" und „Niddernsteynach" genannt. 1654 findet man den Namen „Understainach".

Bedingt durch die Lage am Bach, waren in dem kleinen Dorf stets zahlreiche Mühlen angesiedelt, von denen die letzte in den 60er Jahren stillgelegt wurde. Vielleicht waren die Mühlen Anlass für die Gründung einer Siedlung. Sehenswert ist die kleine Kapelle an der Abzweigung zum Gorxheimer Tal mit einer wunderschönen, aus Holz gearbeiteten Muttergottesfigur mit dem Jesuskind im Arm, deren ursprünglicher Standort einmal in der Lichtenklinger Kapelle gewesen sein soll (siehe S. 86 ff).

Wir beginnen unsere Wanderung an der Straßenkreuzung in Unter-Abtsteinach und folgen von dort der Markierung **A 10** an der eingangs erwähnten kleinen Kapelle vorbei in Richtung Galgenhöhe. Kurz hinter dem Ort kommen wir zu einem der ältesten und interessantesten Bildstöcke des Überwaldes, dem Unter-Abtsteinacher Bild. Dieser Bildstock wird der späten Gotik zugeordnet. Für dieses hohe Alter sprechen die großen Symbole (Schere/Hände) auf dem Schaft. Auf späteren Bildstöcken wurden Handwerks- und Standeszeichen meist im Kleinformat angebracht. Auf dem Schaft sind auf zwei Seiten je eine ausgestreckte Hand und auf der dritten Seite eine Schere zu sehen. Schere und Hände sind konvex, also erhaben am Säulenschaft abgebildet. Das bedeutet, dass die Symbole schon bei der Fertigung des Bildstockes eingearbeitet wurden und dass sie mit dem Bildstock in einem direkten Zusammenhang stehen müssen. Im Volksmund ist folgende Geschichte überliefert: Einem jungen Mädchen wurden wegen eines Diebstahls zur Sühne und zur Abschreckung beide Hän-

Abtsteinacher Bild

18

de abgeschnitten und als bleibende Mahnung dieser Bildstock errichtet.

Einen weiteren stummen Zeugen aus dem Mittelalter sehen wir wenig später auf halbem Weg nach Hilsenhain. Es ist ein altes, stark verwittertes Sandsteinkreuz, von dem die Sage erzählt, dass im Dreißigjährigen Krieg zwei Soldaten an dieser Stelle eine Maus fingen aber bei der Teilung der Beute in Streit gerieten und sich gegenseitig töteten (siehe Seite 72 – Ritterstein).

Unser Wanderweg steigt zur Galgenhöhe weiter an. Vom Waldrand haben wir einen schönen Blick auf Abtsteinach und den Hardberg bei Siedelsbrunn. Auf der Höhe überqueren wir eine alte Herrschaftsgrenze zwischen Kurmainz und der Kurpfalz, heute Landesgrenze zwischen Hessen und Baden-Württemberg. Die Grenzsteine zeigen auf der hessischen Seite das Mainzer Rad als Hoheitszeichen für Kurmainz, darüber GH für Großherzogtum Hessen, darunter ein „V" für die Gemarkung Unter-Abtsteinach. Auf der badischen Seite sehen wir das Rautenwappen der Kurpfalz sowie die Buchstaben G H B für Großherzogtum Baden. Diese Grenzsteine markieren gleichzeitig die alte Besitzgrenze zwischen dem Kloster Lorsch und dem Bistum Worms.

Unser Wanderweg führt dann in eine Senke hinab und steigt nach Hilsenhain hin wieder an. Dieser Ort, heute Ortsteil von Heiligkreuzsteinach, gehörte im Mittelalter zum Bistum Worms. Im Gegensatz zum Kloster Lorsch, das die Besiedlung seines Territoriums in eigener Regie betrieb, hatte Worms seinen Besitz mehreren Rittergeschlechtern zu Lehen gegeben. Für die heutige Gemarkung von Heiligkreuzsteinach waren es die Herren von Hirschberg mit Sitz in Leutershausen und die Herren von Strahlenberg mit Sitz auf der Strahlenburg bei Schriesheim. Der Hirschberger Besitz reichte mit Hilsenhain, das bis 1828 der Zent Rippenweier zugeordnet war und fünf Höfe umfasste, über das Steinachtal hinaus bis zum Leonhardskopf hinauf.

Am Ortseingang von Hilsenhain verlassen wir die Markierung A 10 und folgen dem neuen Markierungszeichen **V** (gelbes V im gelben Kreis) nach rechts. Gleich hinter dem Waldrand überqueren wir erneut die hessisch-badische Landesgrenze. Wenig später stoßen wir auf den Rundweg **G 10** und folgen ihm auf einem schönen Wald-

Der „Teufelsstein"

weg unterhalb des Daumberges entlang geradeaus bergab. Nach etwa 10 Minuten biegen wir im Kreuzungsbereich im spitzen Winkel rechts ab und gehen auf einer
leicht abfallenden Forststraße hinab nach Trösel.

Die Gemeinde Gorxheimertal entstand am 1. Januar
1972 im Zuge der hessischen Kommunalreform durch den
freiwilligen Zusammenschluss von Gorxheim, Unter-
Flockenbach und Trösel. Die Ländereien des Gorxheimer
Tales gehörten zur Königsmark Heppenheim, die König
Karl 773 dem Kloster Lorsch geschenkt hatte. Die ersten
Rodungssiedlungen aber wurden erst 200 Jahre später
gegründet. 1012 wurde Unter-Flockenbach erstmals als
Waldhufendorf erwähnt und 1071 erfolgte die Ersterwähnung von Trösel. Das Schicksal der Talschaft war
fortan an das Schicksal des Klosters Lorsch gekoppelt: Ab
1232 unterstand das Gorxheimer Tal der Herrschaft des
Mainzer Erzbischofs. Die Verwaltung erfolgte durch das
Amt Starkenburg. Mit der Verpfändung des Amtes
Starkenburg an den Pfalzgrafen Friedrich kam die gesamte Talschaft 1463 unter kurpfälzische Verwaltung. Im
Dreißigjährigen Krieg zogen die Truppen von Tilly und
des schwedischen Königs Adolf mehrmals plündernd und
sengend durch das Tal. Als 1650 die Pfandschaft wieder
aufgehoben wurde, unterstand das Tal erneut dem Mainzer Erzbischof und wurde rekatholisiert. Verwaltungsmäßig gehörten die Ortschaften jetzt zur Zent Abtsteinach.

18

1803 erhielt der Landgraf von Hessen-Darmstadt durch den Reichsdeputationshauptschluss den Mainzer Besitz an der Bergstraße zugesprochen, zu dem auch das Gorxheimer Tal gehörte.

Auf der Durchgangsstraße in Trösel stoßen wir auf den **Rundweg G 9**, dem wir nach rechts folgen. Der Weg führt den Wingertsberg aufwärts und durch den Wald hinauf zum Waldskopf. Südlich dieser Anhöhe, etwa 60 Meter abseits des Weges im Wald, befindet sich ein Felsengebilde, das durch sein eigenartiges Aussehen besonders auffällt.Eine Quarzkristallschicht zieht sich wie ein Gürtel rund um den Felsen. Zwischen Ober- und Unterteil befindet sich ein großer Spalt, der den Gürtel unterbricht. Der Volksmund erzählt, dass einst der Teufel an diesem Stein angekettet gewesen sei, dass er jedoch seine Fesseln sprengen und entkommen konnte und nennt diesen Findling den „Teufelsstein". Vertiefungen auf der Felsenoberfläche werden als Abdruck des Klumpfußes des Teufels gedeutet. Dieser Felsen wird aber auch als vorchristliche Kultstätte gedeutet, und man nimmt an, dass die Vertiefungen künstlich geschaffen wurden, um Opfergaben aufzunehmen.

Vom Teufelsstein wandern wir westlich um den Waldskopf herum und stoßen am Waldrand auf die OWK-Markierung **weißes Viereck**, dem wir nun nach rechts über eine Wiese zum Jugendzeltplatz des Naturparks folgen.

Der Naturpark unterhält mehrere derartiger Zeltplätze, die aufgrund ihrer reizvollen Lage inmitten von Wäldern oder an Seen sowie ihrer guten Infrastruktur bei Jugendgruppen im gesamten Bundesgebiet bekannt und beliebt sind.

Der Rückweg nach Unter-Abtsteinach führt dann über eine Wiesenhochfläche und durch kleine Waldstücke am Hohberg entlang und bietet immer wieder schöne Ausblicke auf die Umgebung von Abtsteinach und das Steinachtal.

Wanderung von Straßburg nach Korsika in wenigen Stunden

Ausgangspunkt:	*Schönmattenwag, Haus des Gastes*
Wanderstrecke:	*Schönmattenwag – Frankel – Korsika – Schönbrunn – Adlerstein – Struwwelisch Buch – Straßburg – Schönmattenwag*
Länge/Dauer:	*12,7 km/4 Stunden*
Markierungen:	*Sw 7 – ▼ (blau) – ■ (weiß) – ■ (rot) – W 2 – o. Mark. – Sw 1*
Einkehrmöglichkeit:	*Straßburg*

E ine kaum vorstellbare Wanderung: Von Korsika, fran-
zösische Insel im Mittelmeer, nach Straßburg, Hauptstadt

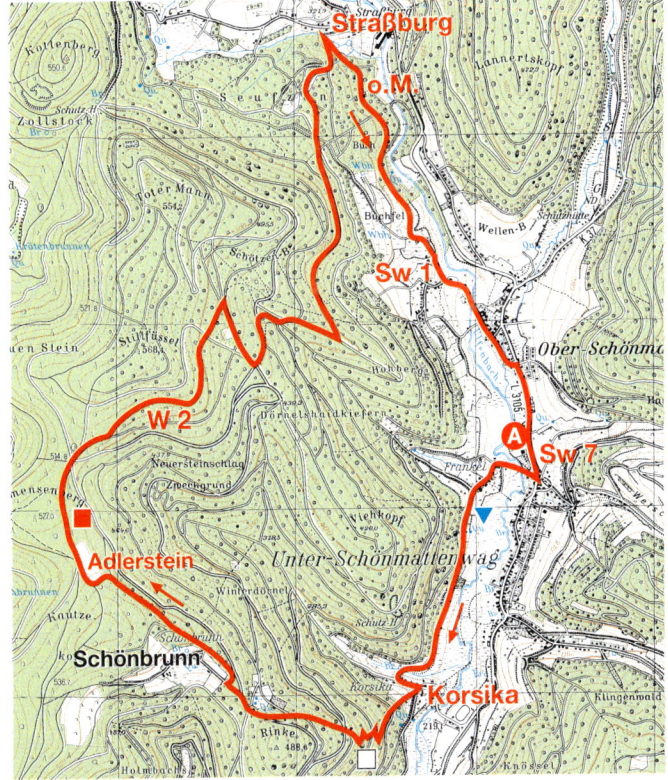

des französischen Elsass. Ist es möglich diese Strecke an einem einzigen Tag zurückzulegen? Im Überwald – ja! Aber das ist noch nicht alles. Kann man sich vorstellen, dass es heute, zu Beginn des 21. Jahrhunderts, noch ein bewohntes Dorf gibt, das nicht an das Straßennetz angeschlossen ist? Auch das ist wahr, und unsere Wanderung führt an diesem Dorf vorbei. Ist es schließlich einsichtig, dass ein Dorfgemeinschaftshaus genau auf der Gemarkungsgrenze gebaut werden musste, weil man sich auf einen anderen Standort nicht einigen konnte? Um diese Merkwürdigkeit zu verstehen, müssen wir weit in die Geschichte beider Ortsteile von Wald-Michelbach zurückgehen.

Ober- und Unter-Schönmattenwag sind zwei sehr alte Siedlungen. Die Ersterwähnung der Örtlichkeit fällt auf das Jahr 1012 als „spumosum stagnum", in der Übersetzung „schäumende Woge". Trotz seiner langen Geschichte und seines gemeinsamen Namens sind beide Orte zwei völlig unabhängige Gründungen, die eine ganz unterschiedliche Entwicklung genommen haben. Zwischen beiden Siedlungen verlief die alte Südgrenze der Heppenheimer Waldmark, erwähnt und beschrieben im Lorscher Codex von 795. Unter-Schönmattenwag war eine Gründung der Herren von Hirschhorn, Ober-Schönmattenwag wurde dagegen von Lorsch gegründet. Als Mainzer Lehen gehörte Unter-Schönmattenwag bis zum Aussterben der Ritter von Hirschhorn im Jahre 1632 diesem Rittergeschlecht. Danach unterstand es bis 1803 dem kurmainzischen Amt Hirschhorn. Ober-Schönmattenwag gehörte zum pfälzischen Hoheitsgebiet, dem Erzrivalen von Mainz. Mit dem Übertritt des Kurfürsten zur Reformation, mussten auch die Bürger den neuen Glauben ihres Landesherrn annehmen. Dadurch wurde die Trennung der beiden Nachbargemeinden weiter vorangetrieben. Diese Kluft blieb auch bestehen, nachdem Ober- und Unter-Schönmattenwag 1803 durch den Reichsdeputationshauptschluss der Landgrafschaft Hessen-Darmstadt zugeordnet wurden. Als nach der Gebietsreform von 1972 und der damit verbundenen Eingemeindung nach Wald-Michelbach für Schönmattenwag der Bau eines Dorfgemeinschaftshauses geplant wurde, neideten sich beide Ortsteile den Standort des Gebäudes und eine Einigung war erst dann möglich als man beschloss, dieses Bürger-

Blick auf Unter-Schönmattenwag

haus genau auf der Gemarkungsgrenze zwischen beiden Ortsteilen zu errichten.

An diesem Bürgerhaus, dem „Haus des Gastes", beginnen wir unsere Wanderung und folgen der örtlichen Markierung **Sw 7** zur kleinen Siedlung „Frankel" von Unter-Schönmattenwag. Dieser Name wurde bereits 795 in der Grenzbeschreibung der Mark Heppenheim als Talschaft „Franconodal" erwähnt. Der Name verweist auf die Franken und, bedenkt man ferner, dass dieser Teil des Ulfenbaches auch Laxbach (Lachsbach) genannt wurde, so bekommt man einen Hinweis dafür, dass „Franconodal" eine königliche Lachsfangstation gewesen sein könnte. Am Ende der Siedlung kommt aus dem rechten Taleinschnitt die OWK-Markierung ▼ (blau) auf unseren Wanderweg, der wir talwärts folgen. Der Weg führt am Waldrand entlang und bietet an vielen Stellen einen freien Blick auf das Ulfenbachtal und Unter-Schönmattenwag mit seiner bekannten barocken Pfarrkirche St. Johann Baptist.

Die nächste Siedlung, die wir erreichen, ist Korsika. Gesicherte Hinweise für diesen ungewöhnlichen Siedlungsnamen gibt es nicht. Authentisch ist, dass dieser Weiler erst nach 1803 entstand. Wen wunderts, dass daher die unterschiedlichsten Deutungsversuche existieren. Eine Theorie besagt, dass der Name mit dem Rückzug der französischen Truppen nach dem verlorenen Russlandfeldzug zusammenhängt. Um auszudrücken, wie sehr der Ruhm des großen französischen Kaisers Napoleon gesunken war, benannte die Bevölkerung aus Spott und Geringschätzung die neu gegründete Siedlung „Korsika", der Heimat des großen Franzosen. Eine andere Theorie geht davon aus, dass sich napoleonische Soldaten bei ihrem ungeordneten Rückzug hier absetzten und niederließen. Der Wald-Michelbacher Heimatkundler Hans-Günther Morr verweist auf mögliche Flurnamen aus dem germanisch-keltischen Sprachschatz wie „Corsuha" = Ort bei den Felsen in einer Mulde, „Cortex" = Rindenstapelplatz oder „Curtica" = Ruheplatz für den König, in Anlehnung an die Nachbarsiedlung „Franconodal". Die letzte Theorie geht davon aus, dass dieser ungewöhnliche Siedlungsname von dem Familiennamen eines früheren Einwohners, „Corsik", abgeleitet wurde.

In Korsika stoßen wir auf die OWK-Markierung **weißes Viereck**, der wir nun nach rechts bergauf folgen. Auf einem steil ansteigenden Serpentinenpfad, dem „Schulpädche", steigen wir hinauf nach Schönbrunn. In früheren Jahren mussten die Schulkinder von Schönbrunn jeden Tag bei Wind und Wetter diesen Schulweg nach Schönmattenwag auf sich nehmen. Auf der Höhe mündet unser Waldpfad in eine Forststraße, die von Holmbach hinauf nach Schönbrunn führt. Dieser idyllisch gelegene Weiler, dessen Existens schon 1518 dokumentiert ist, dient den wenigen Bewohnern heute vor allem als Zweitwohnsitz, um in dieser Abgeschiedenheit Ruhe und Entspannung zu finden. Der Wanderer, der heute an diesem Weiler vorbeigeht, fühlt sich in eine längst vergangene Zeit zurückversetzt.

Unser Weg führt an Schönbrunn vorbei und nach etwa einer Viertelstunde kommen wir an eine große Wildwiese, an deren Rand neben einem Wegweiserstein der bekannte Adlerstein stand. Dieser Dreimärker gehört zu den geschichtlich wertvollsten Grenzsteinen im Odenwald. Aus diesem Grund wurde der Originalstein sichergestellt und befindet sich heute im Wald-Michelbacher Heimatmuseum. Die an seiner Stelle aufgestellte Kopie wurde von Unbekannten entwendet. Die Bedeutung des Adlersteins besteht darin, dass er die Interimsherrschaft von Karl Theodor von der Pfalz über das „Heilige Reich Deutscher Nation" dokumentiert. Auf der einen Seite des Steines befindet sich der Doppeladler des alten Reiches (daher auch der Name „Adlerstein"). Über dem Wappen lesen wir die Inschrift „Tem. Vicaria" (tempore vicariatus – zur Zeit der Stellvertreterschaft) und unter dem Wappen die Jahreszahl 1792. Die rechts und links des Wappentieres eingemeißelten Buchstaben G und B wurden nach 1806 angebracht und bedeuten Großherzogtum Baden. Auf den beiden anderen Seiten des Steines befinden sich zum einen das Mainzer Rad mit den Buchstaben G H für Großherzogtum Hessen, und zum anderen das Ortswappen von Wald-Michelbach, der Rost des Heiligen Laurentius, mit den Buchstaben W C für „Wald-Michelbach Cent". Auf dem Kopf des Grenzsteines steht „Ge-laitstein", ein Hinweis dafür, dass dieser Grenzstein auch Grenze des Geleitschutzes für Kaufleute war. Es wäre

Der „Adlerstein" – einer der wertvollsten Grenzsteine im Odenwald

wünschenswert, wenn möglichst bald eine neue Kopie dieses sehenswerten Grenzsteines wieder aufgestellt und als Kopie gekennzeichnet würde, um ihn einerseits dem Wanderer zu zeigen, andererseits aber durch seine Kennzeichnung als Kopie einen erneuten Diebstahl zu unterbinden. Aber auch der Wegweiserstein hat für uns heute eine kulturhistorische Bedeutung. Derartige Steine wurden im ausgehenden 19. und Anfang des 20. Jahrhunderts im Auftrag der Forstämter an wichtigen Wegkreuzungen aufgestellt und mit Richtungsangaben und Entfernungen versehen, um der aufkommenden Wanderbewegung die Orientierung im Wald zu erleichtern.

Am Adlerstein wechseln wir unser Markierungszeichen und folgen nun dem **roten Viereck** in nördlicher

Richtung zur „Wald-Michelbacher-Buch" bzw. im Volksmund zur „Struwwelisch Buch". Mitten auf einer markanten Wegkreuzung befinden sich eine mehrstämmige Buche und eine Eiche. An ihrem Fuß sehen wir einen alten, stark verwitterten Grenzstein sowie einen Wegweiserstein mit Standortname und Richtungsangaben. Hier wechseln wir erneut unser Markierungszeichen und folgen nun auf abwechslungsreichen Waldwegen dem Wanderweg **W 2** nach rechts hinab nach Straßburg.

Ebenso wie bei Korsika ist auch für den Wald-Michelbacher Ortsteil Straßburg die Herkunft des Siedlungsnamens nicht eindeutig geklärt. Auch bei dieser Namensdeutung wird ein Zusammenhang mit dem Rückzug der französischen Truppen Napoleons hergestellt. Die wahrscheinlichste Theorie bezieht sich aber auf die Ableitung von einem Familiennamen. 1780 wurde von dem schweizer Fabrikanten Georg Strasser eine Papiermühle aufgekauft und zu einem burgartigen Besitz, der Strasserburg, umgebaut. Vermutlich hat sich dann dieser Name auf die neu entstehende Siedlung übertragen.

Am Waldrand, oberhalb von Straßburg, biegt im spitzen Winkel ein **unmarkierter Waldweg** in südöstlicher Richtung ab, dem wir nun zurück nach Schönmattenwag folgen. Nach knapp 10 Minuten kommt dann von links wieder ein markierter Wanderweg, **Sw 1**, auf unseren Weg, der uns nach Ober-Schönmattenwag geleitet. Dieser Wald-Michelbacher Ortsteil ist ein sehr schmuckes Dorf. Viele alte Gebäude, vom Backhaus am Dorfeingang bis zu alten Bauernhöfen und Fachwerkhäusern, wurden liebevoll restauriert. Dafür wurde 1975 Ober-Schönmattenwag im Wettbewerb „Unser Dorf soll schöner werden" Bundessieger und mit einer Goldplakette ausgezeichnet.

Wanderung zum Bernhardskreuz und zur Rockenmagd

Ausgangspunkt:	*Schönmattenwag, Haus des Gastes*
Wanderstrecke:	*Unter-Schönmattenwag –*
	Wüstebach – Salzhecke –
	Bernhardskreuz – Rockenmagd –
	Wetschbach – Schönmattenwag
Länge/Dauer:	*10,4 km/3½ Stunden*
Markierungen:	*Sw 6 – + (rot) – Sw 6*
Einkehrmöglichkeit:	*Schönmattenwag*

Ausgangspunkt unserer Wanderung ist erneut das „Haus des Gastes" auf der Gemarkungsgrenze zwischen

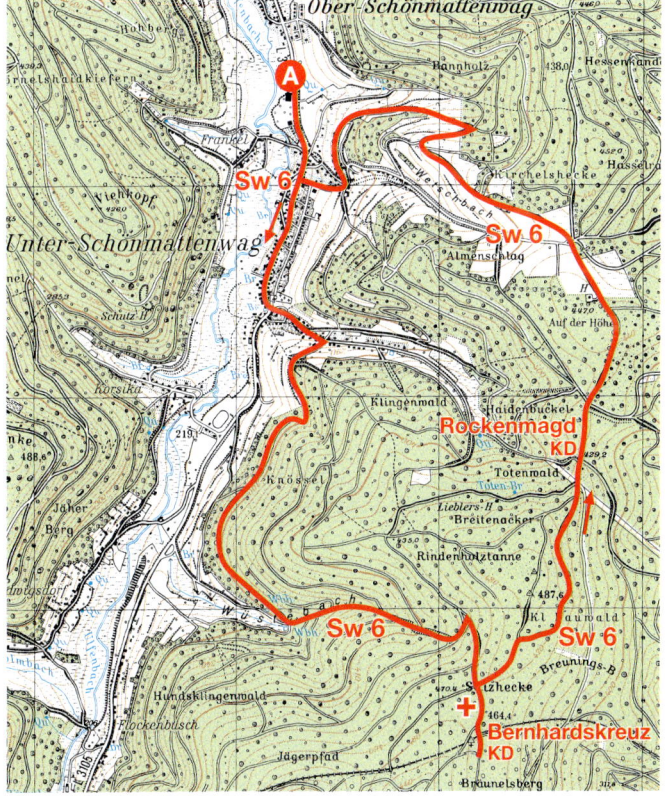

Ober- und Unter-Schönmattenwag. Von dort folgen wir der örtlichen Markierung **Sw 6** durch Unter-Schönmattenwag. Die Herkunft dieses Ortsnamens, in der mundartlichen Aussprache „Schimmeldewog", hat zu manchen Spekulationen Anlass gegeben. Doch immer wieder erzählt man folgende Geschichte:

Ein stolzer Reiter sei einst auf einem prächtigen, weißen Pferd, von Hirschhorn kommend, das Ulfenbachtal heraufgeritten. Als er über den Bach setzen musste, spornte er sein zauderndes Pferd mit dem Ruf an: „Schimmele wog's!"

Eine ähnliche Legende wird auch mit der Suche nach einem Schatz erzählt. Als das Pferd vor einem wackeligen Steg scheute, wurde es von seinem Reiter mit dem gleichen Ausruf angespornt, überzusetzen.

Die Namensbildung ist aber nichts anderes als die wörtliche Übersetzung der lateinischen Bezeichnung für die Örtlichkeit als „spomusum stagnum" = schäumende Woge oder schäumender bzw. schimmernder Teich (Woog = Teich). Hierbei kann es sich um einen Stauweiher gehandelt haben, um abgelagertes Holz talwärts zu flößen.

1345 heißt die Siedlung „Schemmechtinwage". Nach mancherlei Änderungen der Schreibweise bildete sich schließlich im Laufe der Jahrhunderte der Name „Schönmattenwag". Die mundartliche Aussprache von „Schimmeldewog" aber hat sich durchgesetzt und die Legenden der Namensdeutung wachgehalten. Ein Bürger aus Ober-Schönmattenwag hat die Darstellung des Sprunges über den Bach sogar auf seine Hauswand malen lassen.

Ziemlich am Ortsanfang von Unter-Schönmattenwag sehen wir auf der linken Seite ein großes Buntsandsteinkruzifix. Dieses Kreuz erinnert an ein verheerendes Unwetter im 19. Jahrhundert, als an einem Nachmittag ein fürchterliches Gewitter über den Ort hereinbrach und unvorstellbare Wassermassen einen tiefen Graben in den Berghang rissen und dort stehende Häuser fortschwemmten. Hier teilt sich unser Wanderweg Sw 6. Wir gehen die Dorfstraße geradeaus weiter bis zur katholischen Pfarrkirche St. Johannes Baptist

Die ersten Berichte über ein kirchliches Leben in Unter-Schönmattenwag nennen das Jahr 1345. Man darf jedoch davon ausgehen, dass die Anfänge weiter zurückreichen. Dies war vor allem politisch bedingt. Die Herren von Hirschhorn verstanden ihr Territorium erfolgreich gegenüber der Kurpfalz abzusichern. Der wuchtige Unterbau der heutigen barocken Kirche erinnert an eine Wehrkirche bzw. an einen Wehrturm in Verbindung mit einer kleinen Kapelle. 1434 betreuten Mönche des Karmeliterklosters von Hirschhorn eine Liebfrauenkapelle in Unter-Schönmattenwag. 1461 wurde die kirchliche Betreuung dem Pfarrer von Heddesbach unterstellt. Auch nachdem die Herren von Hirschhorn sich der Reformation angeschlossen und ihren Untertanen einen solchen Glaubenswechsel aufgezwungen hatten, blieb die Abhängigkeit zu Heddesbach bestehen. Dies änderte sich erst mit dem Aussterben der Ritter von Hirschhorn im Jahre 1632. Der Mainzer Erzbischof übernahm wieder die Herrschaft und die Bevölkerung von Unter-Schönmattenwag wurde rekatholisiert. Erneut versahen die Karmelitermönche den Gottesdienst. Als 1720 der inzwischen baufällig gewordene Turm renoviert werden musste, weigerte sich das Kloster die Kosten dafür zu übernehmen und wälzte sie auf die Gemeinde ab. Dies nahm die Bevölkerung zum Anlass, um sich aus der Abhängigkeit des Karmeliterklosters zu lösen. Nach jahrelangem Ringen um Eigenständigkeit hatten die Einwohner von Unter-Schönmattenwag 1748 schließlich Erfolg und fortan betreute ein eigener Pfarrer die Gläubigen. Das alte Kirchenschiff aber war inzwischen so baufällig geworden, dass es abgerissen werden musste. Der Neubau wurde zu einem der schönsten barocken Kirchenbauten im Überwald. Dabei wurde darauf geachtet, dass der alte romanische Turm mit dem neuen Kirchenschiff zu einer Einheit verschmolz. Besondere Beachtung verdienen heute die Decken- und Wandgemälde in der Sakristei aus dem 15. Jahrhundert. Dargestellt werden die vier lateinischen Kirchenväter mit den vier Evangelistensymbolen und die Verkündigung Mariens. Besonders der gute Zustand der Fresken hat diese Kunstwerke weit über die Grenzen des Überwaldes hinaus bekannt gemacht.

An der Kirche biegen wir zunächst nach links in ein Seitental ein und folgen wenig später einem Hohlweg zum nahen Waldrand hinauf. Von dort verläuft unser Wanderweg **Sw 6** fast eben bis zur „Wüstebach". Ab hier geht es steil bergauf. Mit ein wenig Glück können wir auf dieser Wanderung Hirsche in freier Wildbahn beobach-

20

Das Bernhardskreuz

ten. Auf der Höhe stoßen wir auf die OWK-Markierung **+** (rot), der wir geradeaus über die Kreuzung hinweg in südlicher Richtung zum nahen Bernhardskreuz folgen.

Das Bernhardskreuz zählt zu den ältesten Bildstöcken im Odenwald. Der niedere Schaft verbreitert sich nach oben und wird durch ein Dach abgedeckt. Die bildliche Darstellung des inschriftlosen und schon stark verwitterten Bildstocks zeigt den Gekreuzigten. Seine ausgestreckten Arme sind leicht nach oben angewinkelt. Diese Darstellung verweist auf das hohe Alter des Bildstocks, von dem man annimmt, dass er um 1500 gesetzt wurde. Die Legende berichtet von einem jungen Musikanten namens Bernhard aus Schönmattenwag, der in Brombach zum Tanz aufgespielt und sich dabei in ein Brombacher Mädchen verliebt hatte. Ein eifersüchtiger Brombacher Bursche verfolgte den Musikanten auf seinem Heimweg und erschlug ihn an dieser Stelle.

Vom Bernhardskreuz gehen wir wieder zurück zur Salzhecke und folgen von dort erneut der örtlichen Markierung **Sw 6** zur Rockenmagd. Der aufmerksame Wanderer wird dabei immer wieder feststellen, dass er sich in einem Rotwildrevier befindet. An vielen Stellen kann man Verbiss- und Schälschäden besonders an jüngeren Bäumen feststellen. Da das Rotwild heute keinen natürlichen Feind wie Wolf oder Luchs mehr hat, muss der Jäger für ein ökologisches Gleichgewicht zwischen Wald und Rotwild sorgen.

Nach einer Viertelstunde sehen wir links vom Weg, ein paar Meter im Wald, ein altes Buntsandsteinkreuz, das Schäferkreuz. Seine beiden Seitenarme sind abgebrochen. Auf der Vorderseite ist noch die eingeritzte Zeichnung eines Kreuzes und Ansätze der Querbalken zu erkennen. Ihm gegenüber stand früher einmal ein Bildstock, die Rockenmagd. Die Sage berichtet von einem jungen Schäfer aus Schönmattenwag, der eine schöne Magd aus Hainbrunn liebte. Von Zeit zu Zeit traf sich das verliebte Paar hier oben auf dem Grenzweg, um für ein paar Stunden zusammen zu sein. Eines Tages fand man die beiden jungen Leute tot auf. Niemand wusste, wie sie umgekommen waren. Sogar den Teufel vermutete man als Mörder. Dem Schäfer setzte man dann auf der Schönmattenwager Seite des Weges ein Steinkreuz und dem Spinnmädchen auf der Hainbrunner Seite einen Bild-

20

stock. Dieser Bildstock ist schon vor vielen Jahren entwendet worden.

Von der Rockenmagd folgen wir weiterhin der Markierung **Sw 6** über die nahe Wegkreuzung hinweg geradeaus. Nach etwa 10 Minuten treten wir aus dem Wald und genießen einen herrlichen Blick auf die Umgebung. An der nächsten Wegkreuzung steht links ein großes Holzkreuz. Es erinnert an das eingangs erwähnte Unwetter im 19. Jahrhundert. Hier oben sollen sich die Gewitterwolken entladen haben und unvorstellbare Wassermassen den Hang herabgeschossen sein.

Unser Wanderweg führt nun duch Wiesen leicht bergab und bietet einen herrlichen Blick auf das Ulfenbachtal. Über den Naturpark-Parkplatz „Wetschbach", der aufgrund seiner ruhigen Lage und seiner schönen Aussicht besonders empfehlenswert ist, gehen wir hinab nach Schönmattenwag und von dort zurück zum „Haus des Gastes", unserem Ausgangspunkt.

20

Landfrauen bei der Vesper

Der Odenwald

Zwischen der *Rheinebene* im Westen, der *Mainebene* im Norden, dem *Spessart* und dem *Bauland* im Osten sowie dem *Neckartal* und dem *Kraichgau* im Süden gelegen, ist der *Odenwald* Erholungsraum für die *Ballungszentren Rhein-Neckar* und *Rhein-Main* sowie für das *Aschaffenburger Gebiet* – und eine beliebte Ferienregion!

In der waldreichen Mittelgebirgslandschaft findet man lang gestreckte, breite Bergrücken, schroffe Kuppen- und Kegelberge, bizarre Felsformationen und sanfte Hügel. Dass im *Odenwald* einst Vulkane aktiv waren, beweist entsprechendes Gestein. Von geologischen Entwicklungen zeugen auch Naturdenkmäler wie die Felsenmeere und wildromantische Flusstäler wie die *Wolfsschlucht*.

Die Region wird von einem gesunden Reizklima verwöhnt. Der westliche *Odenwald* entlang der *Bergstraße* ist eines der wärmsten deutschen Gebiete. Im Osten dagegen gab es schon die tiefsten Wintertemperaturen Südwestdeutschlands! Im Kontrast zum Reizklima der Höhen stehen die milderen Täler, z. B. das *Neckartal*.

Am Wegesrand erzählen Bildstöcke und Steinkreuze ebenso aus der Vergangenheit wie Schauplätze der Nibelungensage, Reste des römischen *Limes* und der keltischen Besiedlung, wie z. B. der Ringwall bei *Bürgstadt*. Auf den Höhen imponieren geschichtsträchtige Burgen und Schlösser wie das *Auerbacher Schloss*. Mittelalterliches Fachwerk prägt Städte wie *Miltenberg* und *Amorbach*, die neben *Heidelberg* und *Darmstadt* viele Besucher anlocken. Berge wie die *Neunkircher Höhe* bieten über all das herrliche Ausblicke.

Der Odenwaldklub (OWK)

Am 8. Januar 1882 wurde der Odenwaldklub e.V. in Zipfen bei Lengfeld mit dem Ziel gegründet, »den Einheimischen wie den Fremden mit den Vorzügen des Odenwaldes vertraut zu machen«. Bereits 1889 begann die systematishe Anlage und Markierung von Wanderwegen.

Bis heute hat sich das Wanderwegenetz des OWK auf 4 414 km erweitert, dazu kommen 2 338 km Rundwanderwege des Naturparks Bergstraße-Odenwald und 1 200 km Radwanderwege der Landkreise Darmstadt-Dieburg und Offenbach. Dieses Wegenetz wird von 190 ehrenamtlichen Wegewarten betreut.

Der OWK ist mit ca. 18 000 Mitgliedern in Hessen, Baden-Württemberg, Bayern und Rheinland-Pfalz in 123 Ortsgruppen organisiert und damit weit über den Odenwald hinaus vertreten.

Zentrale Anliegen des OWK sind das Wandern als Naturerfahrung zu pflegen und durch Anlage, Unterhaltung und Markierung von Wanderwegen für jeden zu erleichtern, für den Erhalt unserer Umwelt durch das Engagement im Landschafts- und Naturschutz einzutreten sowie regionales Brauchtum zu fördern.

Die Naturparks im Odenwald

Angesichts der wachsenden Gefährdung und Bedrohung der natürlichen Lebensgrundlagen wird die Bewahrung und der Schutz der Natur immer wichtiger. Diesem Gedanken fühlen sich auch die beiden Naturparks im *Odenwald* verpflichtet.

Die Maßstäbe für die Ausweisung und Einrichtung sind im *Bundesnaturschutzgesetz* und in den jeweiligen Bestimmungen der Länder verankert. Große Gebiete sollen als naturnahe Erholungslandschaften bewahrt, entwickelt und gepflegt werden. Dabei sollen zum einen zu starke Eingriffe in die natürliche Landschaft und ihre Zerstörung verhindert werden, zum anderen sollen diese Räume und ihre Schönheit den Menschen zugänglich gemacht werden. Gleichzeitig wollen die Naturparks ein umfassendes Wissen über ökologische Abläufe und Zusammenhänge auf anschauliche Weise vermitteln. Das Gleichgewicht zwischen einem natürlichen Lebensraum für die reichhaltige Flora und Fauna und einem Gebiet mit Freizeitwert für den Menschen ist also das Ziel, das heute in über 90 Naturparks in der *Bundesrepublik* verfolgt wird.

Der Naturpark Bergstraße-Odenwald

Der *Naturpark Begstraße-Odenwald* ist einer von insgesamt neun *hessischen* Naturparks und erstreckt sich über eine Fläche von 1628 km^2 bis nach Bayern. Die Landschaft des Naturparks bezaubert mit der südländisch anmutenden *Bergstraße*, den idyllischen Wäldern und Wiesen des zentralen *Odenwaldes* und dem weiten *Maintal* im Nachbarland *Bayern*.

Neben der Erhaltung der vielfältigen Lebensräume für Flora und Fauna soll gleichzeitig die Region gefördert werden und neue Impulse erhalten.

Die gründliche Markierung und Instandhaltung des insgesamt 6 000 km langen Wegenetzes macht den Naturpark besonders für Wanderer zu einem attraktiven Gebiet. Auch andere Einrichtungen wie Schutzhütten, Grillplätze und Sitzbänke werden von den Mitarbeitern des Naturparks gebaut und gepflegt.

Um neue Ziele auf zeitgemäße Art und Weise erreichen zu können, arbeitet der Naturpark seit dem Jahr 2000 mit einem neuen Konzept. Dazu gehört vor allem die persönliche Beratung und Betreuung der Besucher, denen damit die Kultur und Geschichte der Region näher gebracht werden soll.

Einen Teil dieser Betreuung übernehmen »Ranger«, die den Besuchern die Idee des Naturparks direkt vermitteln. Darüber hinaus erfährt man auf den vom Naturpark betreuten Lehrpfaden allerhand Wissenswertes.

Besondere Programmangebote sollen die Landschaft des Naturparks auf verschiedene Arten erfahrbar machen. Von Kräuter-Kutschfahrten bis zu Mondscheinwanderungen reicht die breite Palette. Am Naturparktag, der einmal im Jahr an jeweils verschiedenen Orten stattfindet, wird ebenfalls für die Idee der Naturparks geworben.

Informationen, Jahresprogramm und Wanderkarten: Telefon (06251) 586253, Telefax (06251) 586255, Internet: www.naturpark.de, E-mail: info@geo-naturpark.de.

Literaturhinweise

Peter Assmus

Heimatdorf Gras-Ellenbach
Assmus-Verlag ohne Datum

Paul Ehrig

Wanderungen im Odenwald, Bd. 1
Darmstadt 1979

Paul Ehrig,
Hugo Friedel

Wanderungen im Odenwald, Bd. 4
Darmstadt 1991

Hans-Günther Morr

Sagen, Märchen, Erzählungen aus
dem Überwald
Horb/Neckar 1991

Bergbau und Industrie im Überwald
Horb/Neckar 1993

Wald-Michelbach in alter Zeit
Horb/Neckar 1997

Hans-Günther Morr,
Dr. Peter W. Sattler

Sou woa's emool im Üwwerwoald
Horb/Neckar 1997

Dr. Peter W. Sattler,
Dietmar Lehmann

Der Überwald
Wald-Michelbach 1984

Hans-Günther Morr

Einblick in die Affolterbacher
Kirchengeschichte
in: Gelurt, Odenw. Jahrbuch 1999

Revolutionsereignisse 1848/49
in Wald-Michelbach
in: Gelurt, Odenw. Jahrbuch 1999

Nicht aufgeführt sind Beiträge ohne Namensnennung in
der Odenwälder Zeitung.